Semer, greffer, bouturer...

Semer, greffer, bouturer...

Jean-Yves Prat

Éditions RUSTICA

Dépôt légal : avril 2003
ISBN : 2-84038-483-3
N° d'éditeur : 48406
Première édition : avril 2003
Deuxième tirage : juin 2003

Sommaire

Avant-propos

Tout jardinier se souvient sans doute de ses premiers essais de multiplication. Il s'agissait alors simplement de faire germer dans du coton humide des graines de lentille, blé ou haricot, mais cette opération s'accompagnait d'un désir de percer le mystère, en soulevant le coton pour découvrir la naissance de la racine et de la tigelle... Pour certains, cette expérience a peut-être déclenché l'envie de multiplier soi-même ses plantes, laquelle est devenue une passion. Les divers modes de multiplication permettent, en effet, d'aménager son jardin à moindres frais, d'échanger des plantes avec d'autres jardiniers, d'implanter des végétaux rares, de créer ou de conserver ses propres collections de plantes ou de variétés fruitières...

Le semis, le bouturage, le marcottage, la division de touffes, le greffage sont des techniques à la disposition aussi bien de l'apprenti que du jardinier confirmé. Certaines sont faciles à mettre en œuvre, d'autres demandent un peu d'entraînement, de pratique et parfois un investissement en matériel (châssis, miniserre, serre), mais toutes sont ici mises à la portée de chacun. Le choix du moyen de multiplication s'effectue en fonction de la plante à multiplier, de ses caractères botaniques, de ses exigences, du climat de la région de culture, du nombre de plantes dont le jardinier a besoin et du matériel dont il dispose.

Si vous aimez les plantes et en offrir, vous pourrez faire des heureux autour de vous et continuer à vous émerveiller devant le travail de la nature.

Jean-Yves Prat

Semer

Le semis est le moyen naturel de reproduction des plantes : dans la nature, de nombreuses graines véhiculées par le vent ou tombées au sol germent spontanément. Il se pratique pour tous les légumes et fleurs annuels, et pour nombre de vivaces, arbres et arbustes. Il est cependant exclu pour les espèces qui ne produisent pas de graines ou dont les graines ne transmettent pas fidèlement les caractères de la plante à multiplier. C'est le cas des variétés fruitières pour lesquelles le semis de noyaux ou de pépins n'est employé que pour la production de porte-greffe francs.

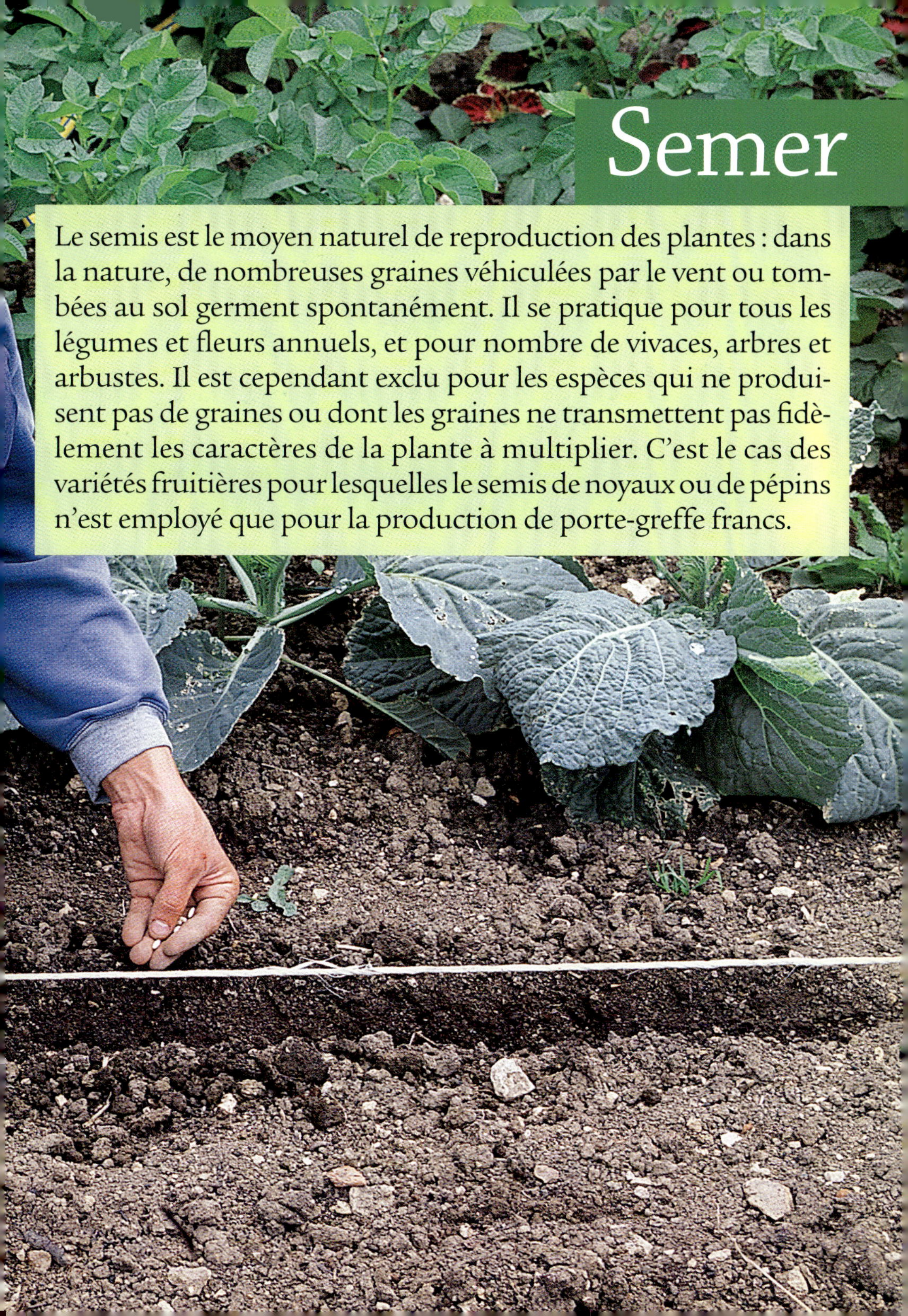

Réussir le semis

Le choix des semences est bien sûr primordial, puisqu'il conditionne non seulement la germination, mais également les caractères botaniques des plantes qui en seront issues. Plusieurs techniques permettent par ailleurs d'obtenir de meilleurs résultats, en hâtant ou favorisant la levée des graines.

Les semences

Pour récolter des graines, pépins ou noyaux, il faut attendre que les fruits arrivent à complète maturité et les **récolter** sur des plantes ou des arbres sains et vigoureux, par une belle journée ensoleillée.

Les semences sont ensuite étalées pendant 2 ou 3 jours dans des clayettes sur une feuille de papier journal, à l'ombre, dans un local bien aéré, pour permettre leur séchage et les débarrasser des restes de pulpe ; certaines demandent un lavage pour être bien nettoyées. Une fois séchées, elles sont ensachées ou mises en bocaux bien étiquetés dans un local sec et non chauffé.

Les semences du commerce sont le plus souvent conditionnées en sachet de papier aluminium. Certaines, de germination plus délicate, sont enrobées, c'est-à-dire recouvertes d'une pellicule soluble qui favorise la croissance de la jeune plante et la défend contre les maladies et parasites du sol. D'autres sont disposées dans un ruban soluble assurant un bon espacement à la plantation.

Que celles-ci soient récoltées ou achetées, il faut veiller à ne pas semer de vieilles graines qui ont perdu leur pouvoir germinatif. Si vous les achetez, choisissez des graines de bonne qualité, sélectionnées par les grands spécialistes du marché. N'hésitez pas à demander conseil, par exemple sur les hybrides F1 ou sur le mélange de graines de gazon à semer selon votre région ou la nature de votre terrain.

Je conseille

*« Ne **récoltez** pas plus de 3 ans de suite les graines de la même variété de fleur ou de légume. »*

Favoriser la germination

Stratifier les graines

Certaines graines d'arbres d'ornement, de conifères ou de fruitiers étant très dures, il faut impérativement les **stratifier** pour permettre le ramollissement de leur enveloppe et favoriser la germination.

Stratifier : disposer des graines entre des lits de sable pendant l'hiver pour attendrir leur enveloppe.

En fin d'automne, dans une caissette ou un grand pot en terre munis de trous d'évacuation au fond, aménagez d'abord un drainage avec des morceaux de pots cassés ou de grosses billes d'argile expansée. Alternez ensuite une couche de sable humide et une couche de graines, si possible isolées par espèces. Terminez par une bonne couche de sable et couvrez le contenant d'un grillage à mailles fines pour protéger les graines des rongeurs.

La stratification

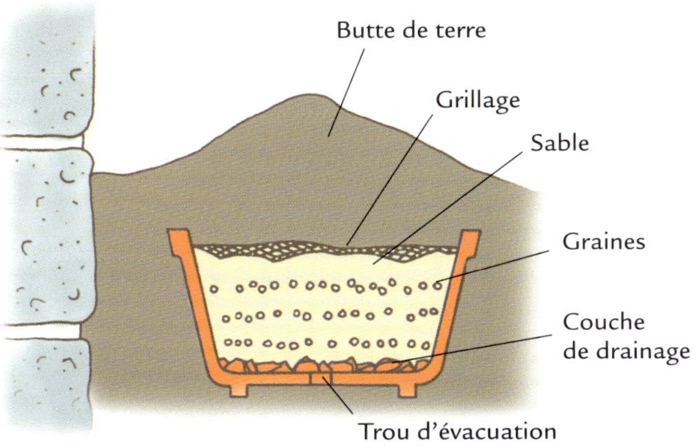

Entreposez les récipients dans un local sans chauffage ou enterrez-les au pied d'un mur exposé au nord dans une petite tranchée. Recouvrez-les de terre fine, puis confectionnez une légère butte de terre au-dessus pour permettre une meilleure évacuation des eaux de pluie.

Le semis pourra avoir lieu dès la fin de l'hiver ou au début du printemps.

Faire tremper les graines

La germination de certaines graines dures un peu longues à lever, comme celles du persil, du cyclamen, du cardon, du pois de senteur, peut être activée par un trempage dans l'eau pendant 8 à 10 heures.

mémo
Tous les **semis** de fin d'hiver ou de début de printemps peuvent être avancés d'une quinzaine de jours s'ils sont effectués en serre, sous tunnel, sous cloche ou en miniserre en appartement.

Semer à la bonne période

L'époque d'un **semis** dépend de la plante à cultiver, de la région et du mode de culture. Les indications mentionnées sur les sachets de graines sont données pour un climat tempéré comme celui de la région parisienne. Dans le Midi, il est possible de semer plus tôt, tandis que plus au nord, il faudra semer un peu plus tard. Dans tous les cas, le meilleur milieu pour qu'une graine germe dans de bonnes conditions est une terre bien réchauffée par le soleil printanier, assez humide et bien aérée.

Semer au bon emplacement

Semer en place

Semer en place signifie semer à l'emplacement définitif sur lequel la plante se développera après germination de la graine ; il n'y a donc pas de repiquage dans ce mode de semis.

On sème en place certaines annuelles et vivaces ou les légumes-racines qui supportent mal les transplantations comme le radis, la carotte, le navet, le salsifis...

Je conseille
« Pour ma part, je sème ***en pépinière***
- *en pleine terre : bette, choux, œillet d'Inde, sauge, pensée, giroflée...*
- *en godets : courgette, melon...*
- *en terrine : tomate, céleri-rave, bégonia..., plantes qui seront repiquées soit en place, soit en godets. »*

Semer en pépinière

Il s'agit ici de semer dans un endroit sélectionné du jardin, au sol bien drainé, bien exposé pour les semis de printemps ou d'automne et plus ombré pour les semis d'été. L'emplacement doit être bêché en profondeur, désherbé, exempt de racines ou de pierres. La structure du sol peut être améliorée par un apport de sable et de terreau à parts égales. Avant le semis, la terre sera encore affinée par le passage du râteau.

Les jeunes plantes se développent « en pépinière » et sont ensuite repiquées à leur emplacement définitif.

Le semis en place évite d'avoir à effectuer un repiquage.

Semer à la volée

Le semis à la volée consiste à répartir les graines par projection, avec la main ou à l'aide d'un semoir, sur une surface bien définie, le plus régulièrement possible, sans manques mais sans aucun ordre apparent. Cette méthode convient particulièrement aux graines fines qui doivent être semées en surface.

mémo
On sème surtout **à la volée** les graines potagères ainsi que celles de fleurs et de gazon.

Quand semer

Suivant les espèces, le semis **à la volée** peut se pratiquer très tôt en pépinière : à la fin de l'hiver en terrine ou caissette placées en serre, un peu plus tard sous châssis froid ou tunnel. En plein air, il faut choisir un emplacement à l'abri d'un mur ou d'un brise-vent orientés plein sud avec un sol bien drainé et suffisamment léger.

L'époque de semis directement en place dépend de l'espèce à semer. Pour le gazon, il est préférable d'opérer de fin mars à juin et de fin août à mi-octobre, un peu plus tôt et peu plus tard dans le Midi.

Je conseille
*« Pour bien semer à la volée, j'ai le « geste auguste du semeur » : je tiens les graines au creux de **la main** puis je projette l'avant-bras en effectuant un mouvement rotatif du poignet ; tout en décrivant un arc de cercle, j'ouvre la main et tends les doigts afin que les semences s'éparpillent en éventail. »*

Comment semer

Dans tous les cas, le terrain doit être bêché, amendé si nécessaire par un apport d'engrais complet et bien émietté. Le semis s'effectue **à la main**, au semoir pour les grandes surfaces ou directement du sachet, en saupoudrant une petite surface dans un massif.

Les graines sont ensuite enterrées par un léger ratissage en croisant les passes puis la terre est tassée avec le dos du râteau, d'une batte ou, dans le cas d'un semis de pelouse, à l'aide d'un rouleau. On étiquette les différents semis afin d'éviter les mélanges de cultivars.

Les parcelles semées doivent être arrosées en pluie fine et maintenues toujours fraîches par des arrosages suivis : un coup de sécheresse empêcherait la germination.

Le semis à la volée pas à pas

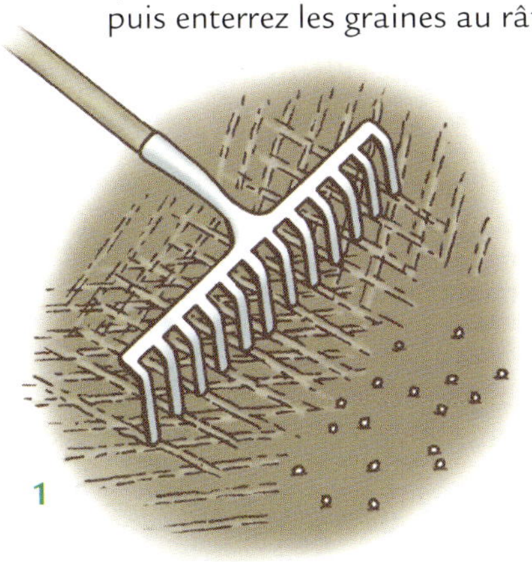

❶ Après avoir ratissé, semez à la main puis enterrez les graines au râteau.

1

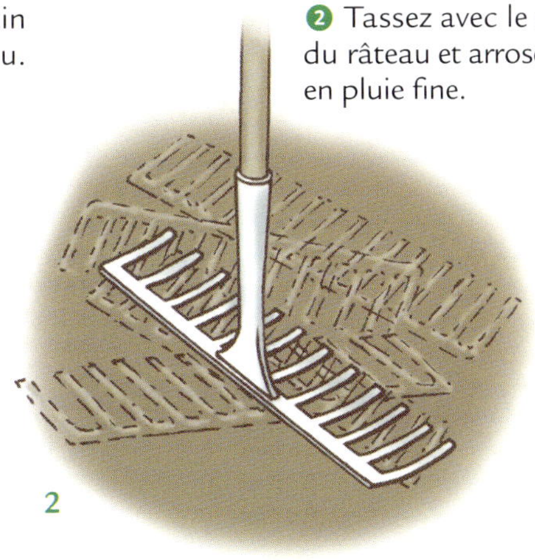

❷ Tassez avec le dos du râteau et arrosez en pluie fine.

2

Semer du gazon

Pour un semis de gazon à la main, on divise d'abord la quantité de graines à semer en deux. On sème ensuite une moitié des graines par bandes en effectuant des allers et retours sur une longueur de terrain, puis la seconde moitié perpendiculairement, dans l'autre sens.

On peut également diviser la surface à ensemencer en carrés égaux délimités par des piquets, puis la quantité de graines en autant de parts qu'il y a de carrés, et semer ensuite chaque carré le plus régulièrement possible.

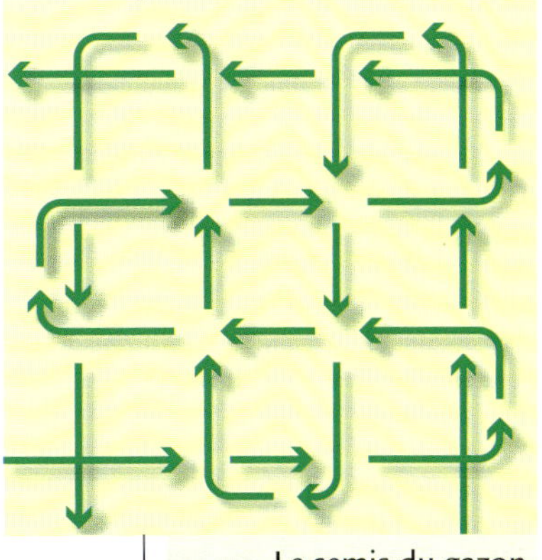

Le semis du gazon

L'éclaircissage

Après la levée, les jeunes plants des parcelles de pépinière ou semés en place doivent être éclaircis.En respectant les distances de plantation propres à chaque espèce, on arrache les plants les plus chétifs pour permettre aux autres de se développer correctement.

Les plants arrachés peuvent être conservés en jauge pour des remplacements ou pour le regarnissage de massifs.

Semer en ligne

mémo

On sème **en ligne** la carotte, le navet, la betterave, le persil, les fleurs en bordures.

Le semis **en ligne** est surtout employé au jardin potager ou pour les fleurs à couper, et le plus souvent pour un semis en place. Il est plus long à réaliser que le semis à la volée, plus minutieux, mais il entraîne moins de perte de semences. Il est ensuite plus facile d'éclaircir les jeunes plants, de désherber et de biner.

Placez une planche entre les rangs pour éviter de piétiner le sol lors des opérations de semis.

Comment semer

L'époque de semis, la distance entre les rangs et la profondeur des sillons varient selon les espèces à semer, mais la méthode reste la même. Après préparation du terrain – bêchage, nivelage fin au râteau –, on marque les rangs avec de petits piquets en respectant l'écartement nécessaire suivant la plante à semer. On tend ensuite un cordeau sur chaque rang et on trace avec un manche d'outil ou la panne pointue d'une serfouette un petit sillon à la profondeur requise pour les graines.

On procède alors au semis proprement dit en répartissant les graines régulièrement au fond du sillon soit à la main, soit à l'aide d'un semoir à main ou encore d'une feuille cartonnée pliée en deux.

Le sillon est ensuite rebouché par un léger ratissage et tassé avec le dos du râteau, en veillant à ne pas déplacer les graines. Si la terre est très humide, il est conseillé d'épandre un peu de sable au fond du sillon et d'en mélanger à la terre avant de reboucher le sillon.

Le semis en ligne pas à pas

❶ Sur le terrain préparé, tracez un petit sillon avec la pointe de la serfouette, le long d'un cordeau tendu.

1

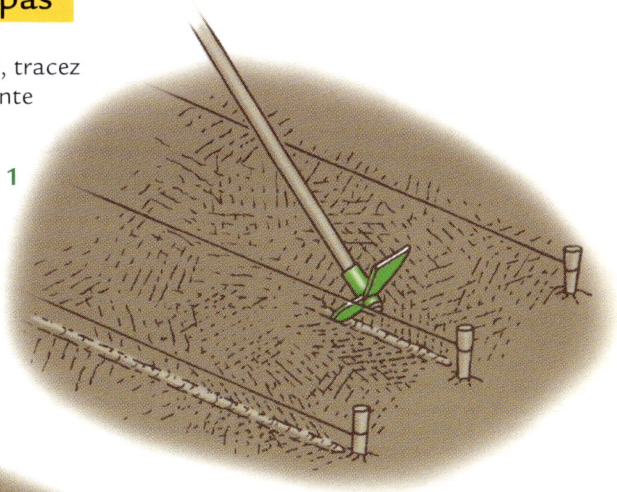

2

❷ Semez en répartissant les graines dans le sillon puis recouvrez de terre. Tassez avec le dos du râteau et arrosez.

On repère habituellement les rangs de semis (espacés d'au moins 15 cm pour permettre le passage de la binette ou du sacloir) en plaçant à une extrémité une étiquette mentionnant l'espèce et le cultivar.

Il faut ensuite arroser en pluie fine et maintenir le semis bien humide jusqu'à la levée des jeunes plants.

On éclaircit lorsque les plants ont de 3 à 5 feuilles, en éliminant les plus faibles et en respectant l'écartement préconisé pour chaque espèce.

Semer en poquets

Le semis en poquets ne concerne que les grosses graines. Il permet de donner de l'espace aux plantes, d'économiser de la semence, de réduire l'éclaircissage et d'éviter le repiquage pour des jeunes plants qui ne le supportent pas.

Comment semer

Il s'agit de semer en place de 2 à 5 graines dans des trous, ou **poquets**, dont la profondeur et l'écartement varient selon les espèces. Après préparation du terrain (bêchage, nivelage fin au râteau), les trous sont creusés sur une ligne ou à l'intersection de sillons formant un quadrillage, tracés avec une serfouette le long d'un cordeau.

Les graines, placées dans ces trous, sont recouvertes d'une légère couche de terre, que l'on tasse avec le dos du râteau avant d'arroser en pluie fine. Après la levée, on ne conserve qu'une ou deux des plus belles plantes.

mémo

On sème en **poquets** la capucine, le volubilis, le pois de senteur, le melon, le pois, le haricot, la courge…

Le semis en poquets pas à pas

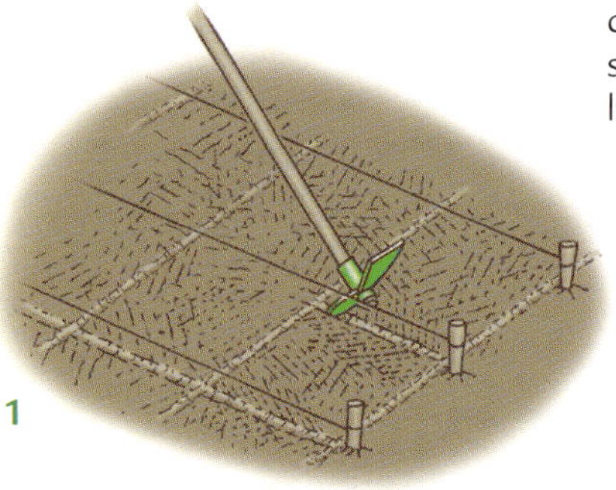

1

❶ Sur le terrain préparé, tracez avec la pointe de la serfouette des sillons en lignes ou en quadrillage.

❷ Ouvrez les trous à l'aide d'un transplantoir ou d'une serfouette, en respectant la profondeur préconisée.

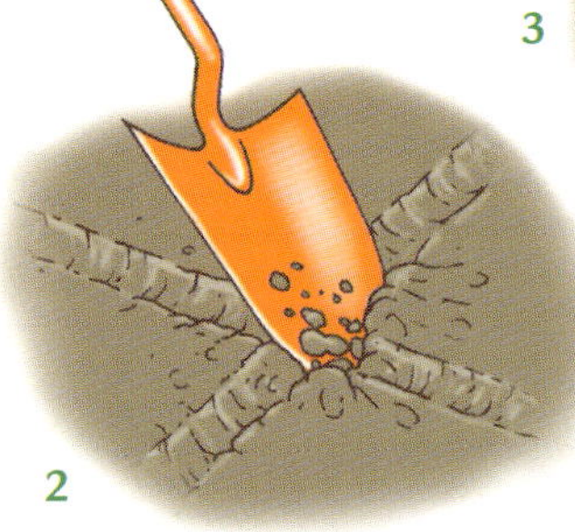

2

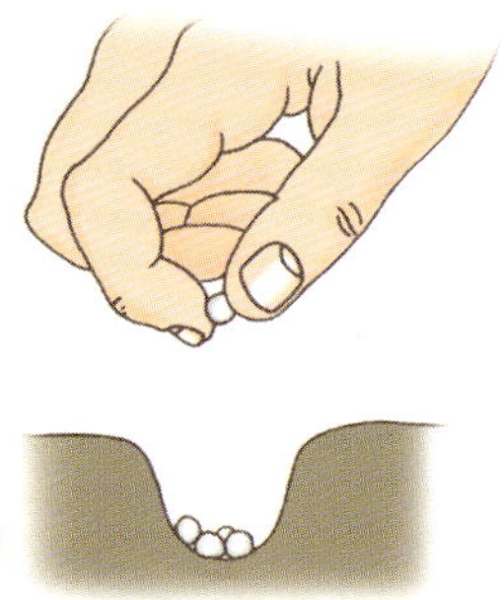

3

❸ Déposez le nombre de graines voulu au fond des trous. Recouvrez de terre, tassez avec le dos du râteau.

Semer en terrine ou en godets

Le semis en terrine est conseillé pour les plantes à graines fines (bégonia, pétunia...) et impératif pour les cultures hâtives de légumes frileux (tomate, poivron, aubergine...). Le semis en godets individuels convient aux espèces à grosses graines (potiron, courgette, melon, tournesol).

Comment semer

Les terrines utilisées pour le semis doivent toujours être percées au fond. Il faut prévoir un bon drainage au fond des contenants avec des tessons de pots en terre, des gravillons ou des billes d'argile expansée. Terrines et godets sont ensuite remplis avec un **mélange terreux** préparé à l'avance puis recouvert d'une couche de 2-3 mm du même mélange tamisé.

Les graines sont semées à la volée, réparties sur la surface de la terrine ou du godet. Pour les graines très fines, on utilise un semoir à main ou une carte de visite pliée en deux qui sert de gouttière pour faire tomber les semences en tapotant sur le rebord. Les graines les plus fines ne sont pas enterrées, tandis que les plus grosses doivent être recouvertes d'environ deux fois leur épaisseur de mélange tamisé. Dans les deux cas, la surface est tassée avec un petit morceau de bois plat.

Il faut veiller à maintenir le milieu humide jusqu'à l'apparition des premières feuilles. L'arrosage s'effectue à la pomme très fine ou au pulvérisateur avec de l'eau à au moins 15 °C ; pour les semis en terrine, il est possible d'arroser par capillarité en immergeant la base du récipient jusqu'à l'humidification complète de la surface. Les semis sont ensuite placés à bonne température (de18 à 20 °C). Ils sont recouverts d'une feuille de verre jusqu'à la levée.

Je conseille

*« Je prépare toujours à l'avance mon **mélange terreux**, qui doit être léger et perméable. Le mélange idéal est constitué de terre de bruyère tamisée, de terre de jardin sablonneuse et de tourbe. Il existe également du terreau de semis tout préparé, souvent allégé par des matériaux poreux telles la perlite ou la vermiculite. »*

mémo

Les semis en contenants doivent être entreposés dans un local chauffé comme une serre, une véranda, un châssis ou, à la rigueur, derrière une fenêtre dans la maison.

Les soins après le semis

Un bon suivi de la culture est indispensable : ombrer le semis quand il y a soleil, retourner la feuille de verre chaque matin pour supprimer la condensation. Dès l'apparition des jeunes plantules, il faut aérer en entrouvrant la plaque de verre avec une petite cale, ce pendant 2 ou 3 jours, puis les découvrir complètement.

Lorsque les jeunes plants sont manipulables, ils sont repiqués, soit en godets, soit en pépinière ou sous châssis jusqu'à leur plantation au jardin.

Le semis en terrine ou en godets pas à pas

1

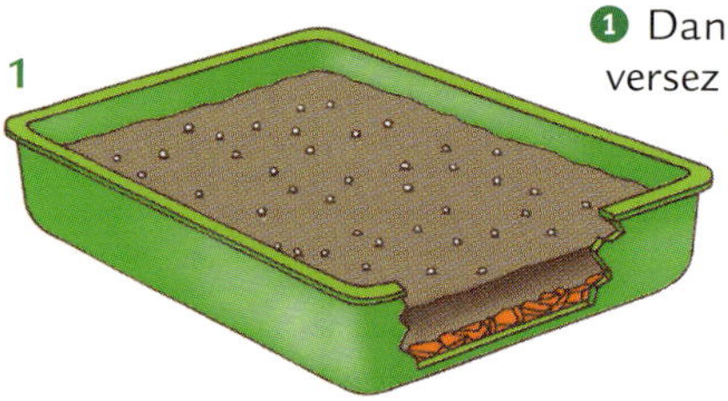

❶ Dans la terrine garnie de matériau drainant, versez le mélange terreux puis une fine couche du même mélange tamisé, et semez à la volée.

2

❷ Recouvrez de mélange tamisé les grosses graines. Tassez avec une petite batte en bois. Arrosez et couvrez d'une plaque de verre.

Le repiquage

❸ À l'aide d'une baguette de bois, déterrez la plantule en conservant du substrat autour des racines. Soulevez-la en soutenant la motte avec la baguette et les feuilles avec une fourchette de bois de votre fabrication.

3

❹ Faites un trou dans la terre de repiquage avec un petit plantoir. Enterrez la plantule jusqu'aux premières feuilles, tassez légèrement et arrosez.

4

Bouturer

Le bouturage est un moyen de multiplication végétative, c'est-à-dire effectué à partir d'un morceau de végétal sans fécondation. Il permet de multiplier les plantes qui ne donnent pas de graines ou dont les graines n'arrivent pas à maturité sous notre climat, et présente l'avantage de produire une nouvelle plante exactement identique à celle dont elle est issue.

Réussir le bouturage

Le fragment de végétal prélevé va d'abord produire des racines puis un nouvel individu. Mais il faut pour cela le placer dans un milieu spécifique et respecter quelques règles sanitaires propres à assurer son bon développement.

Le prélèvement des boutures

Avant toute chose, les plantes à bouturer (plantes mères) doivent être parfaitement saines et représenter fidèlement leur espèce, leur variété ou cultivar. Il faut donc écarter les sujets mal formés, malingres ou parasités, mais également les plantes qui, ayant reçu des apports abusifs d'engrais, produisent une végétation excessive et des pousses trop herbacées.

La bouture peut être soit une portion de **rameau** ligneux ou herbacé, soit une tige, soit une racine, soit une feuille, soit un œil ou même une écaille de bulbe. Le choix de la méthode de bouturage dépend à la fois de l'espèce à bouturer, du climat de la région et de l'époque à laquelle on intervient.

Je conseille

*« Sur la plante, je choisis des **rameaux** assez jeunes, sains, en évitant les pousses trop chétives. »*

Le milieu du bouturage

Le sol

Pour que les jeunes racines puissent se développer facilement, le mélange dans lequel seront placées les boutures doit être léger, aéré et poreux.

En pots, garnis de matériau de drainage, le substrat de culture dans lequel on plante les boutures doit associer sable de rivière, tourbe, terre de bruyère, terreau et mousse de sphaigne hachée. En plein air, il faut piquer les boutures dans une bonne terre de jardin allégée avec du sable et de la tourbe.

On trouve également dans le commerce des composts prêts à l'emploi pour le bouturage.

L'exposition

Les boutures doivent recevoir beaucoup de lumière, mais il est également indispensable de les protéger du rayonnement direct du soleil par des voilages, des toiles à ombrer ou par blanchiment des vitres de la serre.

La température

Elle doit être au moins égale à celle dont la plante mère a besoin pour se développer. Par exemple, une bouture de plante d'appartement ne pourra pas être plantée en extérieur. Certaines boutures **frileuses** demandent une chaleur de fond (au niveau du sol) qui favorisera l'émission de racines. Cette chaleur, pouvant atteindre 25 à 30 °C, sera assurée par des résistances électriques (vendues en jardinerie), à placer dans le fond d'une miniserre ou d'une tablette de serre, ou encore en posant la terrine de boutures sur une tablette de radiateur.

L'hygrométrie

Les boutures ont besoin d'humidité pour s'enraciner. Il faut les arroser et les vaporiser régulièrement, sauf s'il s'agit de boutures réalisées à l'étouffée sous châssis, sous cloche ou sous plastique, ce milieu confiné conservant l'humidité. Attention toutefois à l'excès d'humidité qui risque de favoriser le développement de pourritures.

Les règles sanitaires

Il est indispensable de prendre quelques mesures d'hygiène préventives contre les attaques des champignons, bactéries et parasites.

- Prélever les boutures avec un sécateur, une serpette ou un greffoir bien tranchants et préalablement désinfectés à l'alcool à 70°.
- Utiliser des récipients très propres, pourvus d'un bon drainage (billes d'argile expansée, tessons de pots).
- Désinfecter le mélange terreux de bouturage à la vapeur en le plaçant sur une plaque de tôle à 95 °C dans un four.

mémo

Certaines boutures peuvent être placées en plein air ou sous abri, directement en pleine terre ou en coffre. D'autres, plus fragiles et **frileuses**, seront piquées dans des caissettes, des terrines ou en pots et placées au chaud, dans une serre, une véranda ou en miniserre.

■ Ne pas planter les boutures trop serré.

■ Pour des boutures réalisées en plein air, incorporer éventuellement au compost un fongicide désinfectant du sol.

Les hormones de bouturage

Certaines plantes ont du mal à émettre des racines. Ce problème est désormais résolu grâce à l'emploi d'hormones synthétiques de bouturage, similaires à celles que les plantes produisent naturellement et capables de stimuler l'émission de racines sur un fragment de végétal.

On trouve ces **hormones** dans le commerce sous forme de poudre ou de liquide. La technique est simple, il suffit de tremper la base de la bouture juste après la coupe dans le produit et de planter immédiatement.

Je conseille

« Respectez les doses préconisées, car un surdosage en ***hormones*** *de bouturage peut entraîner des malformations, voire le dessèchement de la bouture. »*

Les soins après la reprise

Lorsque de nouvelles feuilles apparaissent sur les boutures, il faut commencer à endurcir les jeunes plants pour qu'ils s'habituent à leurs nouvelles conditions de culture. C'est ainsi qu'il faut diminuer progressivement l'humidité ambiante et les arrosages, enlever les protections en verre ou en plastique sur les boutures cultivées à l'étouffée et protéger des rayons du soleil direct les sujets en pots sortis à l'extérieur.

Il faut ensuite sans tarder rempoter les boutures cultivées en terrine ou en pots dans un mélange plus riche et les entreposer dans un endroit adapté aux exigences de la plante adulte.

Le repiquage définitif en pots ou en pleine terre pourra intervenir l'année même du bouturage pour la grande majorité des boutures ou, selon les espèces, après 1 ou 2 ans de cultures en pots, voire 3 à 5 ans pour certaines dont l'enracinement est très lent.

Les boutures sont placées sous cloche à l'étouffée pour limiter les pertes d'eau dues à la transpiration des feuilles.

Bouturer des tiges ligneuses

Les boutures de **tiges ligneuses** sont récoltées pendant la période de repos végétatif, sur des végétaux à feuillage caduc. Elles sont prélevées dans la partie médiane de la branche.

Comment prélever les boutures

Les boutures peuvent être des **rameaux** de l'année de 25 à 30 cm environ (boutures simples) ou, pour les espèces dont l'émission de racines ne peut se produire que sur du bois plus âgé, prélevées avec une petite portion de bois de 2 ans à leur base (boutures à talon ou boutures en crossette).

Pour les végétaux à enracinement lent (aulne, figuier, platane, symphorine, vigne, vigne vierge…), il faut d'abord récolter en novembre des rameaux porte-bouture d'environ 25 à 30 cm de long, les botteler par espèces et variétés, les étiqueter et les placer en stratification, c'est-à-dire les mettre en jauge (dans une tranchée) verticalement, la base enterrée dans du sable. Les boutures seront confectionnées fin février ou début mars, juste avant le départ de la végétation.

La bouture simple

On taille le rameau 2 ou 3 mm au-dessous de l'œil de la base puis juste au-dessus du 3e, 4e ou 5e œil selon l'espèce à multiplier. Pour certaines espèces, on conserve l'œil terminal pour confectionner une bouture de tête.

La bouture à talon

On récolte la bouture en détachant le rameau de la branche qui le supporte de façon à obtenir une sorte de gros écusson à la base. La coupe est ensuite rafraîchie à l'aide d'un greffoir. Pour terminer, on taille 2 ou 3 mm au-dessus du 3e, 4e ou 5e œil selon l'espèce à multiplier.

mémo

Les boutures de **tiges ligneuses** sont aussi appelées boutures de bois sec, par opposition aux boutures herbacées, qui n'ont pas eu le temps de se lignifier.

Je conseille

*« Je veille à choisir des **rameaux** sains de l'année, en évitant ceux qui paraissent trop grêles, abîmés, trop vieux et insuffisamment aoûtés, c'est-à-dire pas assez ligneux. »*

La bouture en crossette

On récolte la bouture en conservant, à la base du rameau, un tronçon de 2 à 3 cm du rameau porteur de 2 ans. On taille ensuite 2 ou 3 mm au-dessus du 3e, 4e, 5e ou 6e œil selon l'espèce à multiplier.

Comment planter les boutures

Suivant les espèces et la région de culture, les boutures ligneuses sont piquées soit directement en place, soit en pépinière (en coffre, en terrine ou en pots).

Les boutures des espèces à **enracinement** facile (peuplier, saule, groseillier, cassissier, forsythia...) sont plantées directement en pleine terre dans un carré de pépinière au sol léger ou en pots. Les boutures des végétaux à enracinement lent, placées en stratification, sont piquées en pépinière ou en contenants (terrines ou pots).

Je conseille

*« Pour les espèces à l'**enracinement** capricieux (châtaignier, érable negundo, figuier...), je trempe la base de la bouture dans de la poudre d'hormone. »*

Le bouturage des tiges ligneuses

❶ Bouture simple.

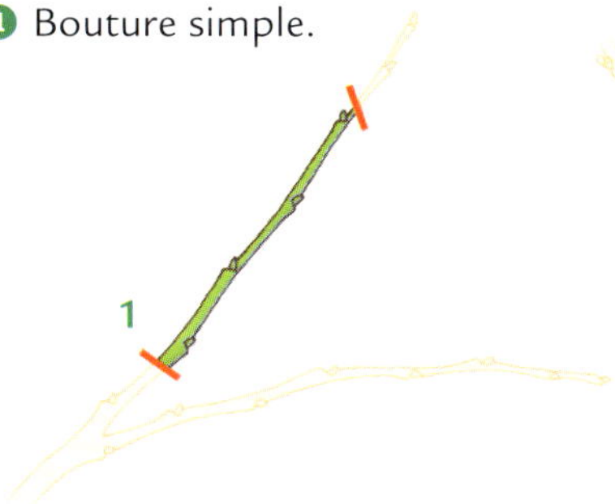

❷ Bouture à talon.

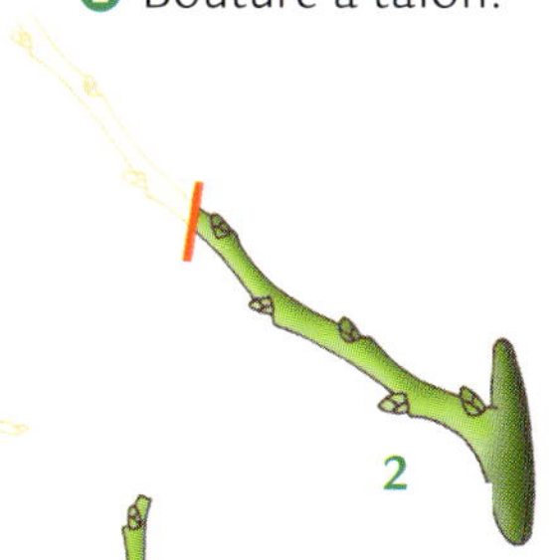

❸ Bouture en crossette.

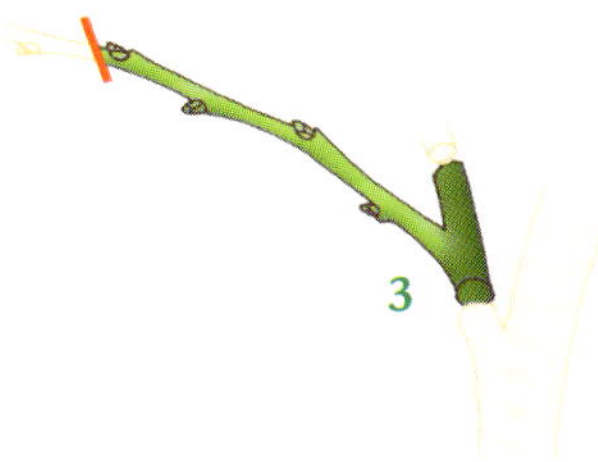

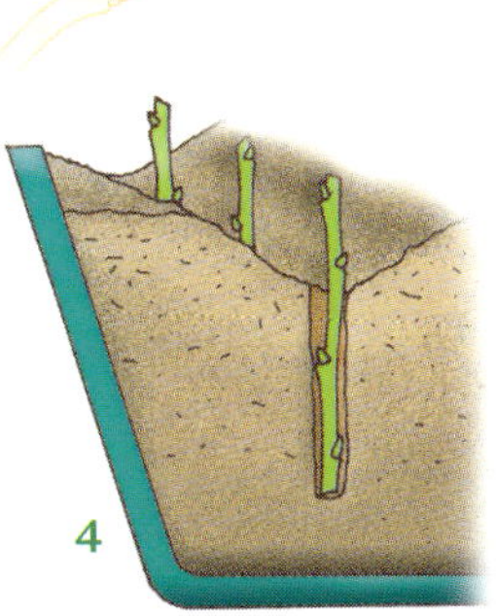

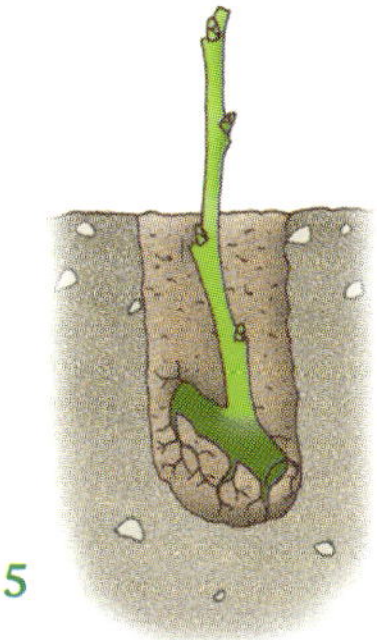

❹ Plantez en place ou en pépinière (comme ici), en terrine ou en pots, en laissant dépasser 1 ou 2 yeux au-dessus du sol.

❺ Repiquez à leur place définitive, à l'automne ou au printemps suivant, les boutures enracinées cultivées en pots ou en pépinière.

Bouturer des rameaux feuillés

Une grande majorité de végétaux se bouturent avec des rameaux feuillés poussés dans l'année et récoltés en période de végétation. Le degré de maturation de ces rameaux dépend de l'espèce sur laquelle ils sont prélevés.

Je conseille

« Je prélève

- *des boutures* ***semi-aoûtées*** *pour l'althéa, la bruyère, le chèvrefeuille, la clématite, le cornouiller, le laurier-rose, le romarin, le seringat, la spirée, le troène, la véronique...*
- *des boutures* ***aoûtées*** *pour l'actinidia, les agrumes, l'azalée, le berberis, le laurier-palme, le magnolia, le pyracantha, la sauge, les viornes, le weigelia... »*

Quand prélever les boutures

Les boutures sont dites semi-herbacées, **semi-aoûtées** ou semi-lignifiées lorsqu'elles sont prélevées et piquées du printemps à la mi-août ; leur enracinement se produira avant l'hiver.

Les boutures sont dites **aoûtées** ou lignifiées lorsqu'elles sont prélevées et piquées en août-septembre ; leur enracinement pourra avoir lieu dès l'automne et en hiver.

Comment prélever les boutures

Les boutures de tête, c'est-à-dire prélevées à l'extrémité du rameau, sont les plus employées et donnent le meilleur résultat, mais il est également possible et conseillé pour certaines espèces de confectionner les boutures avec plusieurs tronçons d'un même rameau.

Suivant les espèces, il peut s'agir de boutures simples (rameau de l'année de 10 à 20 cm) ou, pour les végétaux à enracinement plus difficile, de boutures à talon ou de boutures en crossette (prélevées avec une petite portion de rameau de l'année précédente à leur base).

Avant d'être plantées, les boutures doivent être « habillées », c'est-à-dire recoupées à 5 ou 25 cm de longueur selon les espèces et débarrassées de la plus grande partie de leurs feuilles, afin de réduire les pertes d'eau par transpiration du feuillage. Les feuilles de grande taille (aucuba, hortensia...) sont réduites de moitié.

Je conseille

« Je prélève mes boutures feuillées de préférence matin de bonne heure, quand la plante est gorgée d'eau. »

La bouture simple

On la prélève au sécateur à l'extrémité d'un rameau de l'année. Pour une bouture de tête, on conserve de 4 à 6 feuilles à l'extrémité du rameau et on supprime celles de la base. Pour une bouture en tronçon, on supprime 4 feuilles à la base et on épointe l'extrémité de manière à conserver 3 ou 4 feuilles. Dans les deux cas, on coupe 2 ou 3 mm au-dessous du nœud de la base. Pour certaines espèces, cette coupe doit être effectuée en biseau.

La bouture à talon

On détache le rameau de la branche qui le supporte en le tirant vers le bas de façon à obtenir une sorte de gros écusson à la base. La coupe peut être éventuellement rafraîchie à l'aide d'un greffoir. Quelques feuilles inférieures sont ensuite supprimées et on prépare l'extrémité de la même façon que pour une bouture simple.

La bouture en crossette

On récolte la bouture en conservant à la base du rameau un tronçon de 2 à 3 cm du rameau plus âgé qui le porte. Quelques feuilles inférieures sont ensuite supprimées et on prépare l'extrémité de la même façon que pour les deux méthodes précédentes.

Comment planter les boutures

Les boutures sont placées sous châssis, sous cloche ou en miniserre à l'étouffée pour limiter les pertes d'eau dues à la transpiration des feuilles. Elles peuvent être piquées en pots, seules ou groupées par 3 ou 4, en terrine ou directement dans le mélange déposé au fond de l'abri.

Quand repiquer les boutures

Le repiquage des boutures enracinées aura lieu au début du printemps suivant, directement en place ou en pépinière. Pour les plantes de serre à rameaux rigides, il interviendra dès l'apparition des premières feuilles, signe de reprise de la bouture.

Je conseille

« Je prélève

- *des **boutures à talon** pour le chamaecyparis, la bruyère, le genévrier, l'if, le photinia, le skimmia, le thuya...*
- *des **boutures en crossette** pour le callicarpa, le cognassier du japon, le cotonéaster, l'escallonia, le fusain, le genêt, le lilas, la potentille... »*

mémo

Certaines espèces dont l'enracinement est facile (laurier-rose, lierre, chèvrefeuille) peuvent être bouturées dans l'eau. On rempote rapidement dès l'apparition des racines.

Le bouturage des rameaux feuillés pas à pas

1

La préparation des boutures

La bouture simple

❶ Pour une bouture de tête, supprimez les feuilles de la base et taillez au-dessous du nœud inférieur.

❷ Pour une bouture en tronçon, supprimez les feuilles de la base, épointez l'extrémité et taillez au-dessous du nœud de la base.

2

4

3

La bouture à talon

Détachez le rameau de la branche, éliminez quelques feuilles inférieures.

❸ Pour une bouture de tête, ne taillez pas l'extrémité.

❹ Pour une bouture en tronçon, épointez l'extrémité.

La bouture en crossette

Conservez à la base un tronçon du rameau porteur.

❺ Pour une bouture de tête, supprimez 4 feuilles à la base.

❻ Pour une bouture en tronçon, épointez l'extrémité.

5

6

La plantation

❼ Pour un bouturage groupé en pot, piquez les boutures par 4 et enfermez-les dans un sac en plastique transparent. Placez les pots dans une pièce chauffée.

❽ Si vous piquez chaque bouture individuellement, placez les pots en miniserre chauffée ou sous châssis.

7

8

9

❾ Vous pouvez aussi piquer les boutures directement dans le mélange déposé au fond d'une miniserre, en les espaçant de 15 cm en tous sens.

❿ Placez les boutures moins frileuses en pots sous une cloche dans le jardin.

10

Le repiquage

⓫ Repiquez ou rempotez les boutures enracinées au jardin ou en pots.

11

Bouturer des tiges herbacées

Je conseille

*« Je prélève des boutures de **tiges herbacées** pour les plantes vivaces, les plantes saisonnières, les plantes d'appartement. »*

mémo

Certaines espèces dont l'**enracinement** est facile (coleus, papyrus, fittonia, gynura, misère...) peuvent être bouturées dans l'eau. Rempotez dès l'apparition des racines.

Les **tiges herbacées**, non lignifiées, se bouturent comme les rameaux feuillés. Suivant les espèces, on prélève des extrémités de pousses tendres en pleine croissance au printemps ou un peu plus tard, au stade de pousses semi-herbacées.

Comment prélever les boutures

On utilise presque toujours des boutures de tête, en majorité en boutures simples (sans talon ni crossette). Des jeunes pousses souples de 10 cm de long environ sont prélevées sur des plantes saines. On ôte quelques feuilles de la base et on taille 2-3 mm au-dessous du nœud de la base.

Pour quelques espèces, les boutures sont prélevées avec un talon. On prélève alors des rameaux latéraux non fleuris de 10 cm de longueur en conservant une portion de la tige qui les porte, et on supprime quelques feuilles de la base. C'est le cas de l'œillet, de l'acalypha, du dahlia et du bégonia tubéreux. Pour ces deux derniers, les boutures sont prélevées sur les tubercules préalablement placés en végétation au chaud en serre dans un mélange léger.

Comment planter les boutures

Les boutures sont piquées en pots, seules (placées en miniserre chauffée ou sous châssis), ou groupées par 3 ou 4 (couvertes d'un sac en plastique et placées dans une pièce chauffée). Elles peuvent aussi être piquées directement en miniserre ou encore être placées au jardin sous cloche.

Quand repiquer les boutures

Le repiquage s'effectue 2 mois après le bouturage pour les espèces à **enracinement** rapide, et jusqu'au début du printemps suivant pour celles à enracinement plus long.

Le bouturage des tiges herbacées pas à pas

❶ Pour une bouture simple, prélevez une jeune pousse, ôtez les feuilles de la base et taillez au-dessous du nœud de la base.

❷ Pour une bouture à talon, coupez un rameau en conservant une portion de la tige porteuse. Ôtez les feuilles de la base.

❸ Sur des tubercules mis en végétation, séparez les jeunes pousses au greffoir en conservant un morceau de tubercule comme talon.

❹ Pour un bouturage groupé en pot, piquez les boutures par 3 ou 4 et couvrez d'un sac en plastique. Placez dans une pièce chauffée.

❺ Vous pouvez placer les boutures moins frileuses en pots ou directement en place (comme ici) dans le jardin sous une cloche.

❻ Une fois enracinées, repiquez ou rempotez les boutures au jardin ou en pots.

Bouturer des feuilles

Cette technique est surtout employée pour certaines plantes d'intérieur qui ont la capacité de se régénérer à partir d'une seule feuille. Pour donner de bons résultats, il est impératif qu'elle soit réalisée dans un milieu chaud et humide.

Je conseille

*« Je multiplie par **boutures de feuilles** le bégonia Rex, le kalanchoe, l'orpin, le pépéromia, le saintpaulia, le sansevieria... »*

Comment bouturer les feuilles

On opère en période de végétation, d'avril à septembre. Les feuilles, bien développées et saines, sont prélevées le plus près possible de la tige et sont détachées de la plante avec un morceau de pétiole. Il faut veiller à prélever les boutures avec un greffoir bien affûté et à pratiquer les incisions avec une lame de cutter neuve, après avoir désinfecté les outils à l'alcool à 70°.

Suivant les espèces, les feuilles sont posées légèrement inclinées ou à plat sur un mélange léger. Sur les feuilles posées à plat, on incise les plus grosses nervures avec une lame de cutter, en espaçant les incisions de 5 mm environ ; à l'endroit de ces incisions naîtront 1 mois plus tard les racines et les bourgeons. Les feuilles sont ensuite appliquées bien à plat avec de petits cavaliers en fil de fer plantés dans le limbe. La réussite de ce type de bouture réside dans le bon contact entre le limbe de la feuille et le **mélange terreux**.

Les boutures doivent être arrosées avec une eau à température ambiante, placées au chaud entre 16 et 22 °C suivant les plantes et à l'abri des rayons du soleil.

mémo

Le **mélange terreux** idéal pour des boutures de feuilles est composé à parts égales de terreau et de tourbe.

Comment repiquer les boutures

Les racines et la tige de la nouvelle plante apparaissent le plus souvent au point d'insertion du pétiole sur le limbe de la feuille bouturée. Pour quelques espèces comme le bégonia Rex, la jeune plantule se développe au niveau des plus grosses nervures préalablement incisées avec une lame de cutter.

Lorsque les jeunes plantules possèdent 3 à 5 feuilles, elles peuvent être rempotées dans un mélange de terreau de tourbe et sable en proportions équivalentes.

Le bouturage de feuilles pas à pas

❶ Coupez une feuille bien développée et saine en conservant 3 cm de pétiole. Plantez le pétiole en biais jusqu'à la base de la feuille, en terrine ou en pot.

❷ Pour bouturer une feuille à plat, coupez une feuille adulte et saine. Incisez en travers les nervures principales au cutter.

❸ Posez la feuille à plat et appliquez-la bien contre le mélange à l'aide de cavaliers en fil de fer plantés dans le limbe.

❹ Séparez les jeunes plantules de la feuille mère et repiquez-les en pots dans un mélange léger.

Bouturer des racines

Cette technique est surtout réservée aux petites plantes, qui supportent mieux une amputation de leurs racines, et tout à fait adaptée aux plantes vivaces aux longues racines charnues tels l'acanthe, les bambous, la gypsophile, le pavot d'Orient, le phlox, le sumac...

Comment prélever les racines

On prélève les racines de novembre à février en creusant autour de la souche ou en profitant d'un arrachage ou d'une division de touffe dans un massif. Les racines choisies doivent généralement avoir le diamètre d'un doigt. Elles sont ensuite coupées en tronçons de 5 à 10 cm.

Comment planter les boutures

Les racines sont plantées couchées en pot ou en caissette dans un **mélange** léger et placées sous châssis, en serre ou en mini serre avec une petite chaleur de fond (15 à 20 °C, selon les espèces).

Je conseille

« Pour les boutures de racines j'utilise un ***mélange*** *terreux composé à parts égales de terre de jardin, de terreau, de tourbe et de sable. »*

Le bouturage de racines pas à pas

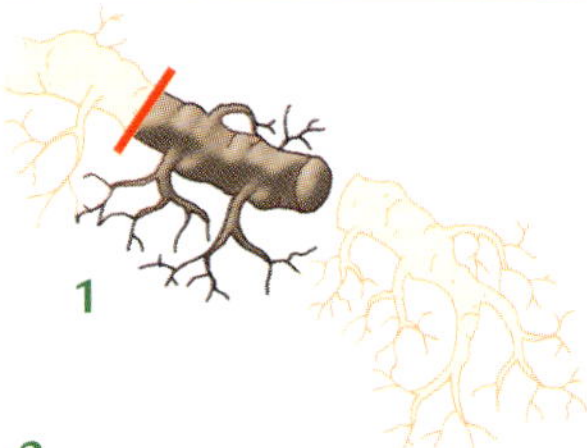

1

❶ Coupez les racines en tronçons de 5 à 10 cm de long suivant les espèces.

❷ Enterrez les tronçons dans une caissette en les recouvrant de 3 cm de mélange léger et placez sous châssis avec une chaleur de fond.

2

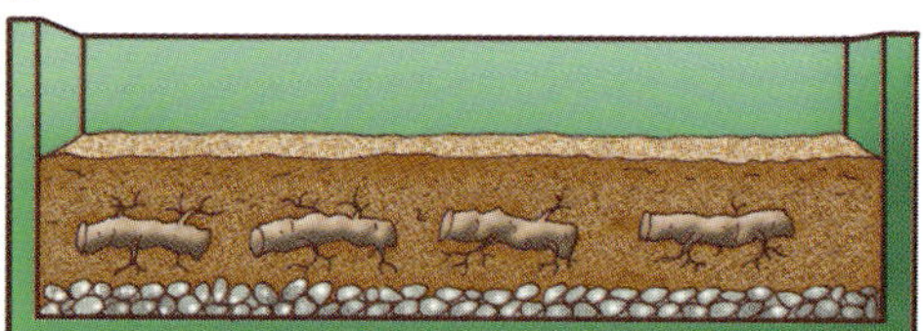

❸ Repiquez en pot dès que des feuilles apparaissent. Plantez directement en place les plantes moins fragiles.

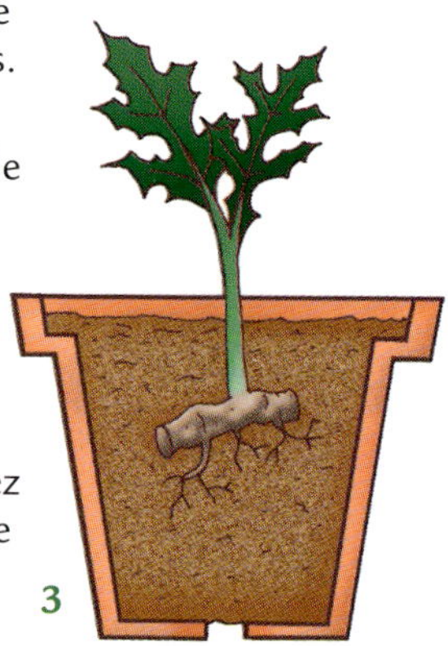

3

Marcotter

Le marcottage est un moyen de multiplication végétative permettant d'obtenir une nouvelle plante exactement identique à celle dont elle est issue. Il consiste à faire enraciner des branches sans les séparer de la plante mère. Certaines plantes se marcottent spontanément. Le fraisier, par exemple, produit des tiges ou stolons qui s'enracinent de place en place au niveau d'une feuille.

Réussir le marcottage

Il existe différentes techniques de marcottage. Selon les espèces à multiplier, il convient d'employer celle qui permet d'obtenir les résultats le plus satisfaisants. D'autre part, il faut procéder au marcottage puis au sevrage à un moment où la plante est à même de subir ces opérations.

Choisir la bonne méthode

Plusieurs techniques de marcottage peuvent être utilisées suivant la nature des plantes à multiplier, mais toutes ont la faculté de produire des racines adventives le long des tiges, au niveau des yeux, des nœuds ou d'une blessure provoquée par le jardinier.

Le marcottage par couchage

Cette méthode est réservée aux plantes possédant des **branches souples**, qui seront couchées et enterrées.

Le marcottage en butte ou cépée

Ce type de marcottage est destiné aux plantes dont la base des branches s'enracine facilement une fois enterrée.

Le marcottage aérien

Cette technique est réalisée sur une portion de tige que l'on décortique puis que l'on entoure d'un milieu propice à l'enracinement.

mémo

Le marcottage spontané est fréquent sur des espèces qui émettent des **branches arquées** comme le cotonéaster, le forsythia, le jasmin, la bignone, le lierre, l'hortensia grimpant, la ronce...

Marcotter à la bonne période

La meilleure période pour intervenir se situe juste avant l'hiver ou au démarrage de la végétation, en février-mars. Néanmoins, le marcottage aérien peut se pratiquer toute l'année en serre.

La séparation du rameau marcotté et de la plante mère, ou sevrage, a lieu après la formation des racines.

Marcottage en butte
d'un cognassier du Japon.

Marcotter par couchage

Ce type de marcottage peut être utilisé pour toutes les plantes dont la base est proche du sol et aux rameaux souples et longs tels le forsythia, le noisetier, la vigne, le rhododendron… La partie médiane d'un rameau de l'année précédente est enterrée juste à côté du pied mère.

Comment marcotter par couchage

Le marcottage par couchage, également appelé marcottage simple ou en crosse, s'effectue en octobre ou en février-mars. Cette technique, employée pour les espèces difficiles à multiplier par bouturage, présente l'avantage de produire des végétaux très vigoureux. Elle nécessite de disposer de suffisamment d'espace autour de la plante mère.

On creuse une tranchée de 40 à 50 cm x 15 cm x 20 cm au fond de laquelle on verse environ 10 cm de mélange léger composé de terre de jardin, de sable et de terreau. On plie un rameau et on le couche dans la tranchée après avoir **entaillé** la partie en contact avec le sol. Le rameau est maintenu au fond avec des crochets. On rebouche le trou avec le mélange léger, puis l'extrémité du rameau est taillée à 2 ou 3 yeux et palissée sur un tuteur.

Pendant la période de végétation, des racines apparaissent sur la partie enterrée et les yeux d'extrémité donnent naissance à des rameaux.

À l'automne ou au printemps suivant, après vérification de l'enracinement, la marcotte peut être sevrée et plantée. La majorité des espèces à marcotter s'enracinent en une saison de végétation, mais certaines demandent 12 mois, voire 2 ans comme le camélia ou le kalmia.

mémo

Appliquer des hormones d'enracinement sur la portion de rameau **entaillée** qui se trouvera en contact avec le sol permet d'assurer une meilleure reprise.

Le marcottage en pot

Pour certaines plantes à feuillage persistant et celles dont la reprise est un peu délicate, passez le rameau à marcotter au travers d'un pot rempli d'un mélange léger. Ce procédé permet de les transplanter au jardin en motte.

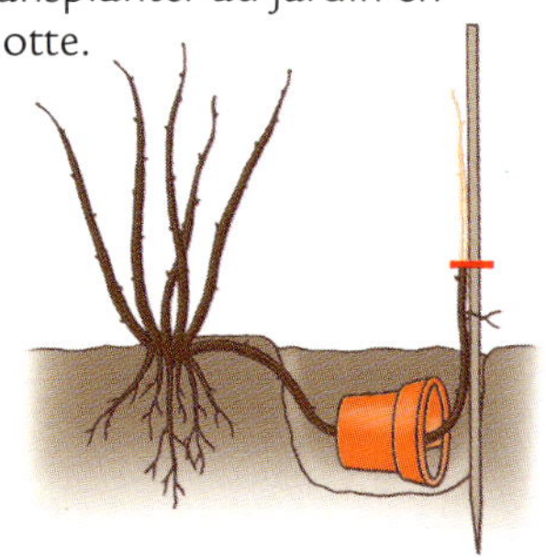

Le marcottage par couchage pas à pas

❶ Dans une tranchée garnie de mélange léger, couchez le rameau après avoir entaillé la partie en contact avec le sol. Effeuillez les rameaux des espèces persistantes. Fixez le rameau au fond avec des crochets. Relevez son extrémité hors du trou.

❷ Rebouchez le trou, taillez le rameau, attachez-le à un tuteur et arrosez.

Marcotter en serpenteau

Cette variante du marcottage simple s'applique aux espèces dont les rameaux sont longs et souples comme les plantes grimpantes. On coude plusieurs fois le rameau à marcotter en le laissant émerger en partie entre deux portions enterrées ; les parties hors sol doivent être munies d'un œil, point de départ de la future tige. On obtient ainsi plusieurs plants en une seule intervention.

Le marcottage en serpenteau

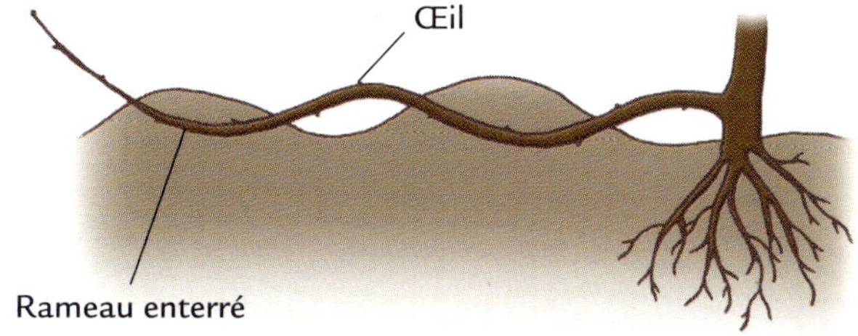

Réaliser un marcottage aérien

Pour ce marcottage, l'enracinement a lieu hors du sol, sur une tige ou une branche. Il se produit à l'emplacement d'une portion de tige décortiquée et entourée d'un manchon de mousse humide ou de tourbe.

Comment réaliser un marcottage aérien

Ce marcottage peut se pratiquer toute l'année en serre ou en **appartement** ; cependant, de mai à septembre, l'enracinement est plus rapide.

On pratique une incision de 4 à 5 cm à mi-bois sur une portion de tige, de bas en haut et à une dizaine de centimètres au-dessous des dernières feuilles. On peut badigeonner la plaie avec une hormone d'enracinement pour favoriser l'émission de racines. On glisse ensuite dans la plaie un tampon de mousse de sphaigne de façon à la maintenir entrouverte et on place une attache de sécurité en raphia juste au-dessus pour éviter que la tige ne se brise.

Puis la plaie est **entourée** de mousse de sphaigne ou d'un mélange de tourbe et de vermiculite bien ficelé. Le tout est recouvert d'un film de polyane serré en son milieu et à ses deux extrémités. En fixant l'attache supérieure, qui ne doit pas être trop serrée, il faut veiller à former une petite collerette qui servira d'entonnoir pour l'arrosage.

La plante est alors placée dans un endroit lumineux et sans courant d'air (à 20 °C s'il s'agit d'une plante d'appartement), et périodiquement arrosée, mais sans excès.

Dès qu'un volume suffisant de racines est visible à travers le film plastique, le sevrage est possible. La coupe est effectuée juste sous la marcotte, le film plastique ôté et la nouvelle plante empotée. Sur les arbustes en extérieur, le sevrage doit avoir lieu avant les périodes de gel.

mémo

Le marcottage aérien permet de rajeunir une plante dégarnie ou trop encombrante. On le pratique surtout en serre ou en **appartement** sur les ficus, le philodendron, l'aralia, mais également sur des arbustes en extérieur comme le camélia ou le rhododendron.

Je déconseille

*« Personnellement, j'évite l'emploi de terreau pur pour **entourer** la partie incisée de façon à limiter les risques de pourriture. »*

Le marcottage aérien pas à pas

1

2

❶ Déterminez la zone de la marcotte. À l'aide d'un greffoir, incisez à mi-bois de bas en haut sur une longueur de 4 à 5 cm.

❷ Glissez un tampon de mousse dans la plaie et fixez avec une attache de sécurité.

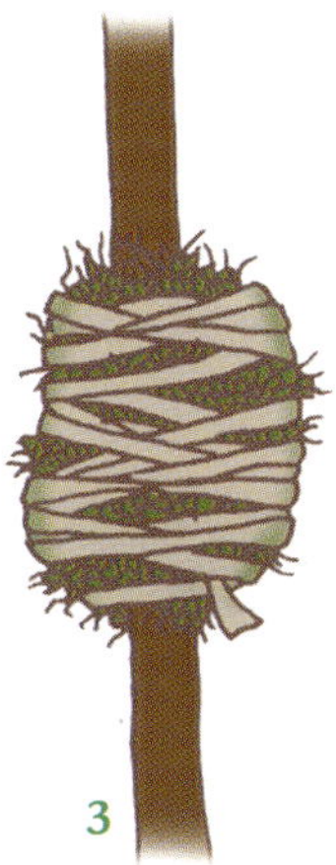

3

4

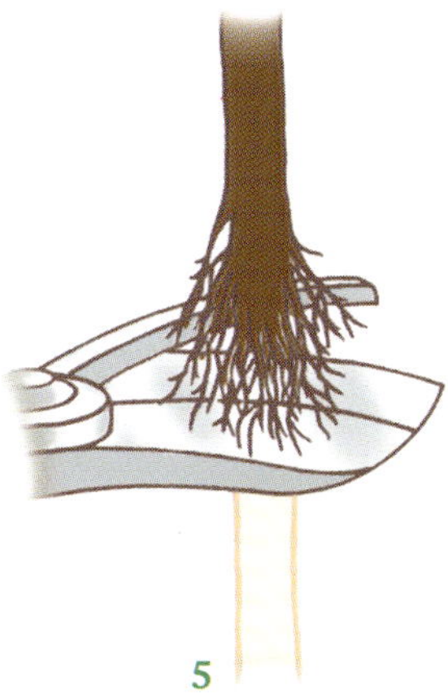

5

❸ Entourez la plaie d'une grosse poignée de sphaigne ou de tourbe, ficelée au raphia.

❹ Entourez de film plastique. Ficelez au milieu et sous la marcotte, puis au-dessous, moins serré, en formant un petit entonnoir.

❺ Lorsque les racines ont envahi l'intérieur du manchon, sevrez la marcotte en coupant sous les racines et rempotez-la.

Marcotter en butte

Le marcottage en butte, ou cépée, peut être employé pour les espèces à rameaux érigés qui se développent près du sol en formant une touffe dense comme le cognassier du Japon, le noisetier, la bruyère, la lavande, le romarin, le thym.

mémo

Pour le marcottage des aromatiques comme le thym ou la sarriette, il est inutile de **rabattre** la plante. Il suffit de former une petite butte en glissant du mélange léger entre les tiges.

Comment marcotter en butte

En février-mars, une plante mère jeune et vigoureuse est **rabattue** à 20 cm au-dessus du sol. Les jeunes pousses qui se développent à la base sont recouvertes d'un mélange léger composé de terre de jardin, de sable et de tourbe, au fur et à mesure de leur développement jusqu'en juin-juillet. Moyennant un arrosage régulier, toutes les pousses enterrées continuent leur croissance et, au niveau des bourgeons enterrés, des racines apparaissent.

En octobre-novembre, la touffe marcottée est débuttée et chaque rameau enraciné est séparé du pied mère au sécateur, puis transplanté au jardin ou en pépinière. La même opération peut être renouvelée au printemps suivant.

Le marcottage en butte ou cépée pas à pas

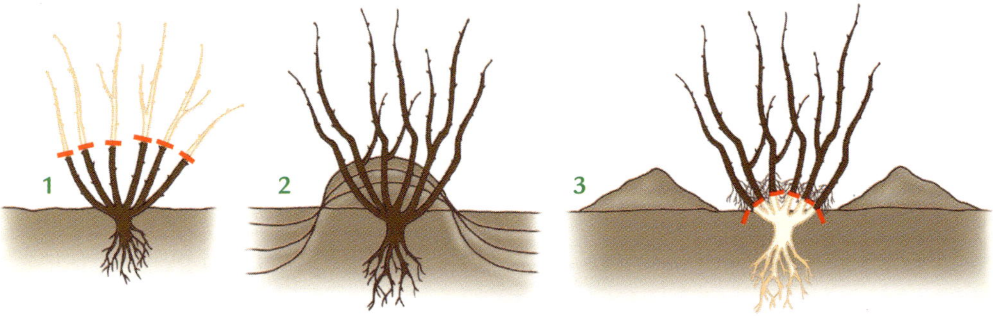

❶ En février-mars, rabattez le pied mère à 20 cm au-dessus du sol.

❷ Recouvrez la base d'un mélange léger au fur et à mesure du développement des jeunes pousses.

❸ À l'automne, débuttez avec précaution et séparez les jeunes rameaux du pied mère au sécateur.

Diviser

Ce mode de multiplication, d'une grande facilité, reproduit fidèlement les caractères du végétal et permet d'accroître une collection de plantes ou de rajeunir les pieds âgés. On multiplie par division de très nombreuses espèces à souche vivace sans pivot, des plantes bulbeuses et tubéreuses ou encore certains arbustes émettant des rejets ou drageons.

Quand diviser les touffes ?

La division de touffes permet d'accroître une collection de plantes ou de rajeunir les pieds âgés. Mais il faut effectuer cette opération quand la plante est à même de la supporter. La technique consiste à diviser la plante mère et à replanter les éclats qui formeront autant de plantes nouvelles.

Les plantes vivaces

Dans les régions chaudes et en sol léger, il est préférable d'opérer à l'automne. À cette époque, les plantes **vivaces** bénéficieront des pluies et de la fraîcheur pour bien s'enraciner avant l'hiver.

Dans les régions aux hivers rigoureux et en sol lourd et humide, il vaut mieux diviser au printemps afin d'éviter la pourriture éventuelle des racines durant l'hiver. Les plantes auront alors toute la saison de végétation pour s'enraciner correctement.

Les arbustes drageonnants

Les arbustes tels que le kerria, le lilas, le sorbaria, la symphorine, ou encore le groseillier à maquereau, le framboisier, etc., doivent être divisés fin février ou début mars, lorsque la plante entre en végétation.

Les plantes rhizomateuses et tubéreuses

Les plantes à rhizome comme l'iris ou l'hémérocalle se divisent en été après la floraison.

Les espèces tubéreuses comme le dahlia ou le canna sont arrachées à l'automne et conservées dans un local à l'abri du gel pendant tout l'hiver ; la division s'effectue au printemps.

Je conseille

« Personnellement, je divise mes touffes de ***vivaces*** *tous les 3 ou 4 ans, lorsque je m'aperçois que les tiges situées à la périphérie sont plus vigoureuses et portent les plus belles fleurs. »*

mémo

Les arbustes dits **drageonnants** produisent à l'extérieur de leur souche des tiges issues directement des racines.

Diviser des souches de vivaces

Certaines plantes vivaces produisent une touffe qui s'étale d'année en année, son centre devenant de moins en moins vigoureux et florifère. Il est temps alors d'en diviser la souche.

Ce mode de multiplication consiste à déterrer la souche d'une plante devenue volumineuse et à la sectionner en plusieurs éclats, pour les replanter ailleurs. On divise ainsi l'aster, le chrysanthème, le delphinium, le lupin, le leucanthème, le rudbeckia, le géranium...

Comment diviser les souches

Préparer le terrain

Il faut d'abord préparer le sol dans lequel seront plantés les rejets divisés. Le terrain doit être labouré, exempt

La division des souches de vivaces pas à pas

❶ Déterrez la souche à la fourche-bêche.

❷ Dégagez bien les racines de la motte de terre puis séparez les tronçons à la bêche ou à la serpette.

❸ Replantez les éclats dans le terrain préparé. Ménagez une petite cuvette au pied de chaque plante et arrosez.

Je conseille

*« **Déterrez** la souche à l'aide d'une fourche-bêche pour éviter de détruire des racines. »*

de débris végétaux, copieusement enrichi avec du terreau, du fumier décomposé ou un engrais complet.

Déterrer et diviser

La souche à diviser est **déterrée** en évitant d'endommager les racines. On secoue ensuite la motte pour éliminer la terre en surplus puis on tranche dans la touffe soit à la bêche, soit à la serpette, suivant la nature de la plante. Les éclats doivent être prélevés en périphérie de la touffe. Chaque morceau doit comporter des racines et des départs de tiges ou des bourgeons bien formés.

Replanter

Chaque tronçon est ensuite replanté dans le sol préparé. Il faut toujours prendre soin de respecter les distances de plantation, puis arroser.

Multiplier par drageonnage

Cette variante de la division de souche consiste à séparer des drageons, c'est-à-dire des rejets issus de racines traçantes d'arbustes comme le lilas, le kerria, le framboisier ou la mûre. Les drageons sont séparés du pied mère à la bêche en fin d'hiver et transplantés directement en place au jardin.

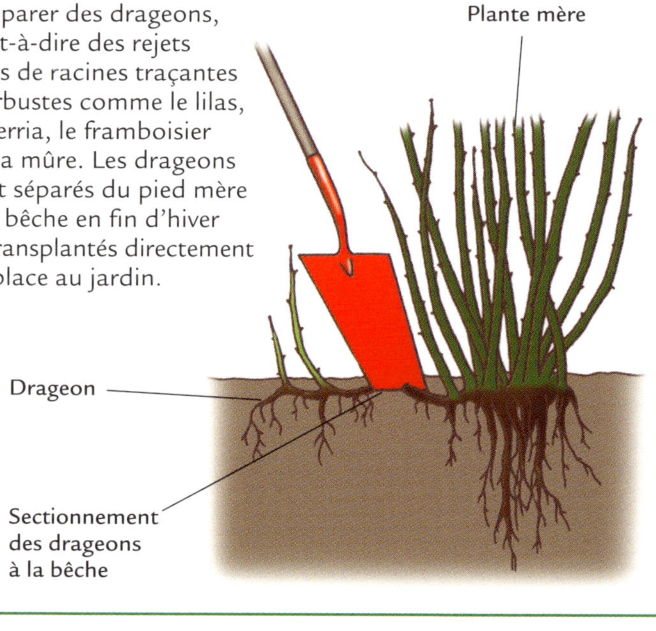

Diviser les vivaces rhizomateuses ou tubéreuses

Il s'agit ici de couper en plusieurs tronçons les rhizomes d'une plante vivace devenue volumineuse et moins florifère. On divise de la même façon les plantes vivaces à tubercule pour obtenir plus de sujets et rajeunir les vieilles souches.

Rhizome : tige souterraine horizontale ressemblant à une racine.

Comment diviser

Chaque morceau de **rhizome** doit comporter des racines et des départs de tiges. Chaque éclat de tubercule doit présenter au moins un bourgeon.

Les plantes à rhizome

La division et la plantation doivent avoir lieu après la floraison.

Il faut d'abord préparer la surface de massif dans laquelle seront plantés les rhizomes divisés : le terrain, labouré et débarrassé de ses débris végétaux, est enrichi avec un engrais complet.

La souche est déterrée à la fourche-bêche et secouée pour bien dégager le rhizome. À l'aide d'un couteau propre et tranchant, on prélève des tronçons de 5 à 10 cm selon les espèces et on raccourcit les feuilles d'un tiers. Les rhizomes sont ensuite replantés dans le sol préparé.

Le prélèvement d'un tronçon de rhizome s'effectue avec un outil propre et bien affûté.

La division des plantes rhizomateuses ou tubéreuses pas à pas

❶ Déterrez la souche à la fourche-bêche. Coupez le rhizome en tronçons avec un couteau bien affûté.

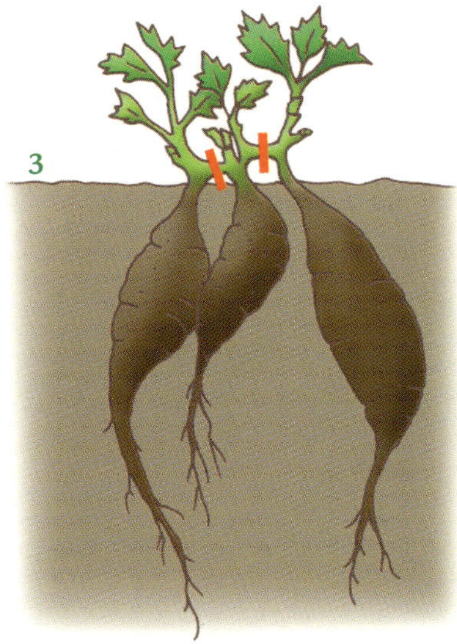

❷ Divisez les tubercules en avril-mai et plantez aussitôt les éclats.

❸ Sur un tubercule mis en végétation, divisez de façon que chaque morceau comporte un bourgeon.

Tubercule : partie renflée de certains rhizomes ou racines se gorgeant de réserves nutritives.

Les plantes à tubercule

La division des plantes tubéreuses, comme le canna ou le dalhia, peut se pratiquer juste avant la plantation en pleine terre, en avril-mai.

On peut aussi procéder à cette opération après une mise en végétation. Les **tubercules** sont placés, en février, au chaud, sur une tablette de serre remplie d'un mélange léger (composé de tourbe et de sable). Légèrement enterrés dans ce mélange, ils sont conservés ainsi jusqu'à l'apparition de jeunes bourgeons. Ils sont alors divisés en tronçons, comportant chacun un bourgeon, et plantés en pots individuels ou directement en place au jardin.

Greffer

Le greffage est un mode de multiplication des végétaux qui transmet fidèlement tous les caractères des variétés à propager. Les jeunes plants obtenus par semis, bouturage ou marcottage sont considérés comme un support nourricier, appelé porte-greffe ou sujet, sur lequel on juxtapose étroitement une ou plusieurs portions d'un autre végétal nommé greffon.

Pourquoi greffer ?

Le greffage est parfois la seule voie de multiplication possible pour le jardinier. En effet, les procédés tels que le bouturage, le marcottage ou la division de touffes ne sont pas applicables pour tous les végétaux, et en particulier pour de nombreuses espèces ligneuses.

Les atouts du greffage

Par bouturage, certaines plantes émettent difficilement des racines ; par marcottage, il faut disposer de place pour élever des pieds mères, et la division de touffe n'est employée que pour les espèces à souches vivaces émettant des rejets. Le greffage est un mode de multiplication végétative que l'on choisit notamment pour les raisons suivantes.

- Pour reproduire et propager fidèlement de nombreux **cultivars** de végétaux d'ornement ou des variétés fruitières.
- Pour adapter des arbres ou arbustes à la nature du terrain où ils doivent être plantés en sélectionnant le bon porte-greffe.
- Pour cultiver des arbres selon la forme désirée en choisissant un porte-greffe de vigueur déterminée.
- Pour obtenir la formation d'une haute-tige présentant un tronc bien droit, par le greffage en pied d'une variété vigoureuse avant le greffage en tête de la variété sélectionnée.
- Pour diminuer l'invasion de certains parasites en greffant sur des porte-greffe résistants.
- Pour améliorer la qualité des fruits d'une variété fruitière et en obtenir de plus gros.
- Pour accroître l'importance de la floraison d'un arbuste.
- Pour remplacer une variété par une autre sur un arbre déjà formé ou restaurer une vieille charpente après rabattage de la ramure (surgreffage).

Cultivar : synonyme de variété cultivée, obtenue par croisements et sélection.

Lors du greffage, il faut se munir d'outils bien affûtés pour préparer le porte-greffe et prélever le greffon.

Réussir le greffage

La réussite d'une greffe ne dépend pas que de l'habileté du greffeur : pour obtenir de bons résultats, plusieurs conditions et précautions doivent être respectées.

L'affinité entre le sujet et le greffon

Avec deux plantes du même genre, la greffe est presque toujours possible : par exemple lilas sur lilas, poirier sur poirier, groseillier à grappes sur groseillier à fleurs...

Avec deux plantes de genres différents mais de même famille, elle est souvent possible. Par exemple, on peut réaliser une greffe de lilas sur troène, de poirier sur cognassier, mais il est impossible d'effectuer une greffe de cognassier sur poirier ou de poirier sur pommier.

Avec deux plantes de familles différentes, la greffe est impossible dans tous les cas.

Cambium : tissu cellulaire très fin, produisant du liber et du bois et contribuant au grossissement des tiges.

Soudure entre greffon et sujet

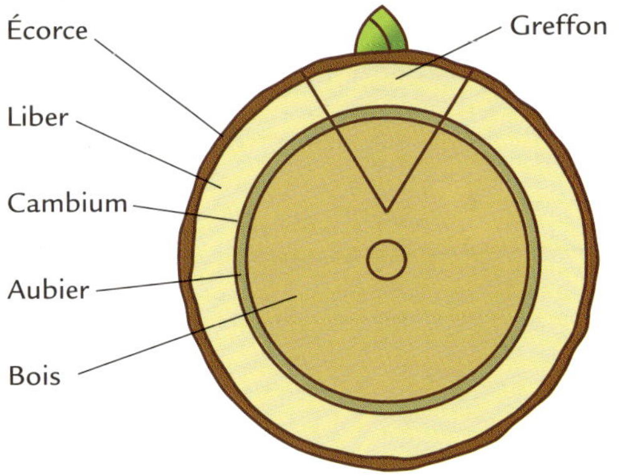

L'assemblage

Lors de la greffe, la circulation de la sève est interrompue et c'est au niveau du **cambium** que se formeront des tissus cicatriciels provoquant la soudure grâce à laquelle la circulation de la sève pourra être rétablie. Il est donc primordial de s'appliquer à ce que les zones génératrices du greffon et du sujet soient le plus possible en contact.

La saison de greffage

La majorité des greffes se réalisent pendant toute la période où la sève est en activité, c'est-à-dire depuis le début du mois de mars jusqu'en septembre, à l'exception de quelques plantes pour lesquelles il faut opérer en hiver, durant le repos de végétation.

Le choix des porte-greffe ou sujets

Les pépiniéristes ne vendent des **porte-greffe** qu'en grande quantité, et principalement des sujets destinés au greffage des variétés fruitières. En revanche, les associations de jardinage approvisionnent leurs adhérents amateurs en commandes groupées. Leurs plants sont de bonne qualité, en principe indemnes de virus, et offrent la possibilité de choisir les mieux adaptés à votre sol, aux variétés à cultiver ou aux formes que vous désirez édifier (voir tableau p. 57).

L'autre solution est de produire soi-même ses porte-greffe ; il faut alors réserver à la pousse des jeunes plants une petite surface de terrain bien exposée. Une bonne terre de jardin légèrement sableuse sera nécessaire pour permettre aux jeunes racines de croître correctement. Les porte-greffe plantés au carré de greffage seront obtenus soit par semis de graines, pépins ou noyaux, soit par bouturage ou par marcottage pour les autres porte-greffe.

mémo

Il est prudent, en particulier pour les arbres fruitiers, de se référer aux listes de **porte-greffe** sélectionnés par les stations de recherche.

Le prélèvement des greffons

Les rameaux greffons choisis doivent être récoltés sur des arbres sains et vigoureux appelés étalons et possédant les caractères exacts de la variété que l'on désire propager.

L'époque de récolte des rameaux greffons varie selon le mode de greffage employé. Ceux que l'on destine au greffage de printemps seront coupés pendant le repos de la végétation ; pour un greffage d'été ou d'automne, on les prélèvera juste avant le greffage.

Pour les greffes de printemps

Les rameaux greffons doivent être **prélevés en décembre-janvier**, par une journée sèche mais pas trop froide. Il faut les choisir de grosseur moyenne, issus de la pousse de l'année précédente et présentant des yeux bien constitués. Les rameaux seront ensuite bottelés par variété et étiquetés soigneusement. (voir p. 56)

Les greffons prélevés doivent être placés dans une ambiance modérément humide et sombre pour rester

mémo

Lors du greffage, en mars, les greffons **prélevés en hiver** et mis en état de dormance se trouveront en léger retard de végétation par rapport au porte-greffe.

en état de dormance sans sécher ni pourrir. La réussite des greffes de printemps dépend des conditions de conservation des greffons prélevés (voir encadré en bas de page).

Pour les greffes d'été et d'automne

Les greffes réalisées en été et en automne nécessitent l'emploi de greffons récoltés juste avant le greffage. Les greffons doivent être des rameaux de l'année, bien aoûtés, c'est-à-dire semi-ligneux et prélevés sur un arbre sain.

On les effeuille immédiatement de façon à limiter l'évaporation, en laissant 1,5 cm de pétiole, puis on les met en bottes soigneusement étiquetées. Ils doivent ensuite être placés dans un endroit frais, leur base trempant dans l'eau ou enveloppés dans un chiffon humide. Les greffons peuvent être ainsi conservés 2 ou 3 jours. Le greffage doit être effectué le plus rapidement possible.

La conservation des greffons prélevés en hiver

1

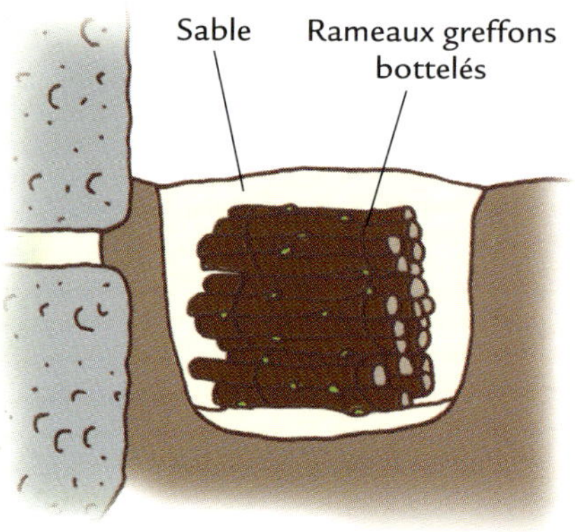

2

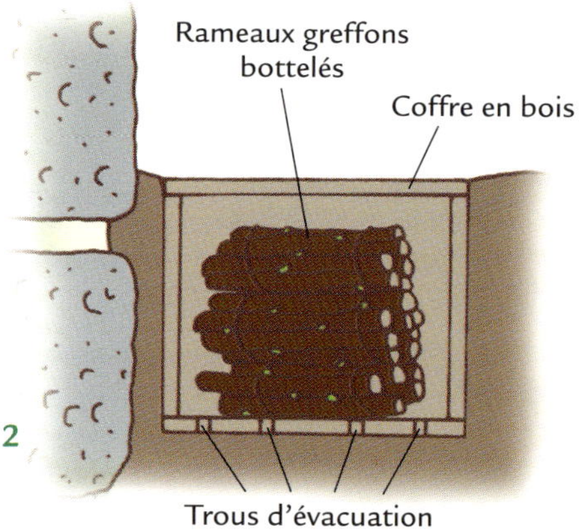

❶ Choisissez un emplacement au pied d'un mur exposé au nord. Creusez une petite fosse. Garnissez le fond de sable. Couchez-y les bottes de rameaux greffons les unes sur les autres, puis recouvrez-les entièrement de sable.

❷ Vous pouvez aussi coucher les bottes de greffons dans un coffre en bois muni d'un couvercle, percé de trous au fond et assez vaste. Traitez les parois extérieures avec un produit fongique ou recouvrez-les de feuilles de zinc. Enterrez ce coffre.

Bien choisir les porte-greffe

ESPÈCES	PORTE-GREFFE
Arbres fruitiers	
Abricotier	Franc, prunier Reine-Claude INRA 1380, prunier Myrobolan Inra GF 31
Agrumes	Bigaradier, oranger doux, Poncirus
Amandier	Franc, prunier Myrabi (Myrobolan), pêcher franc
Cerisier	Franc, merisier (F 121), Sainte-Lucie, Mahaleb, INRA 8/64, EM 'Colt', MAXMA Delbard 14 Brokforest
Noyer	Franc noyer blanc, franc noyer noir d'Amérique
Pêcher	Franc, amandier, prunier INRA Brompton, prunier Saint-Julien et GF655 2
Poirier	Franc, 'Kirchensaller', cognassier de Provence
Pommier	Franc, M106, M26, M9 (Paradis jaune de Metz), Pajam 1 et Pajam 2, M27
Prunier	Franc, prunier Myrobolan, Brompton, prunier Saint-Julien, prunier Damas noir
Arbres ou arbustes d'ornement	
Aucuba	*Aucuba japonica*
Camélia	*Camellia japonica*
Céanothe	*Ceanothus americanus*
Chêne	*Quercus robur*
Clématite	*Clematis vitalba*
Cognassier du Japon	*Cydonia oblonga* (cognassier)
Cyprès	*Cupressus sempervirens*
Glycine	*Wisteria sinensis*
Hêtre	*Fagus sylvatica*
Lilas	*Ligustrum vulgare*
Magnolia	*Magnolia kobus*
Marronnier	*Aesculus hippocastanum*
Mimosa	*Acacia dealbata*
Mûrier	*Morus alba*
Rosier	*Rosa canina, R. laxa, R. multiflora*

Greffer en écusson

Cette méthode de greffage consiste à insérer, entre l'écorce et l'aubier du sujet, un greffon constitué d'un œil, d'un lambeau d'écorce et de liber, prélevé sur le rameau greffon.

Quand greffer

Cette greffe est dite « à œil dormant » lorsqu'elle est effectuée fin juillet ou début août, avec des rameaux greffons récoltés juste avant de greffer. La greffe est dite « à œil poussant » lorsqu'elle se pratique en mars, à la montée de la sève.

Dans une greffe à œil dormant, l'écusson se sera soudé au porte-greffe avant la fin de l'été, mais sans provoquer la pousse de l'œil. Ce dernier restera en dormance tout l'hiver (d'où le terme de greffe à œil dormant) pour ne démarrer qu'au début du printemps suivant.

mémo

La greffe en écusson donne de bons résultats avec l'abricotier, l'amandier, le cerisier, le cornouiller, le fusain, le groseillier à grappes, le lilas, le pêcher, le poirier, le pommier, le prunier, le rosier.

Comment greffer

Cette greffe se pratique sur des porte-greffe plantés depuis 1 an.

L'œil de la variété à multiplier est greffé en principe à 10 cm du sol et produit une pousse qui, au bout d'un an de végétation, donne un **scion** à partir duquel l'arbre ou l'arbuste seront formés.

Scion : jeune arbre greffé depuis un an présentant une tige verticale.

Le porte-greffe

Une dizaine de jours avant le greffage, il faut rabattre de moitié la ramure des porte-greffe et les arroser s'il fait sec pour les maintenir bien en sève.

Juste avant le greffage, il faut nettoyer la base du porte-greffe avec un chiffon humide pour ôter toute éclaboussure éventuelle de terre.

Sur le porte-greffe, à 10 cm du sol environ, on pratique une incision horizontale de 2 cm de longueur. Puis, à partir de celle-ci, une autre incision verticale de 3 à 4 cm de longueur est effectuée. On obtient ainsi une découpe en T. L'écorce est ensuite soulevée de chaque côté de l'incision verticale avec la spatule du greffoir.

Le greffon

L'écusson doit être prélevé dans la partie médiane du rameau greffon. Il faut pour cela inciser l'écorce de part et d'autre de l'œil, à 1,5 cm environ, et détacher l'écusson en faisant glisser la lame du greffoir entre l'écorce et le bois. On s'assure ensuite que l'œil n'est pas évidé et qu'il ne comporte aucune esquille de bois au verso, auquel cas il faudrait la séparer délicatement du greffon.

L'assemblage

L'écusson est ensuite inséré sur le porte-greffe. On le glisse entre les deux parties d'écorce soulevées, en centrant bien l'œil au milieu de la barre verticale du T.

On effectue ensuite une ligature de la greffe avec du **raphia** naturel ou une bandelette de caoutchouc, en commençant par la base, de façon à bien appliquer l'écorce sur le greffon. Il est inutile d'appliquer du mastic à greffer sur ce type de greffe.

Tester la reprise du greffon

Pour la greffe à œil dormant, le pétiole de la feuille a été conservé lors du prélèvement de l'écusson. Environ 15 jours après le greffage, il permet d'effectuer un test de reprise :

– si le pétiole au niveau de l'œil jaunit et tombe naturellement ou lorsqu'on passe légèrement le doigt dessus, la greffe est réussie ;

– si le pétiole se dessèche, noircit et reste accroché à l'œil, même quand on l'effleure, c'est l'échec.

Dans ce dernier cas, il est encore temps de tenter une nouvelle greffe à l'opposé de la précédente, sur une partie de l'écorce bien lisse.

Si la greffe est réussie, on **débride la ligature** pour éviter les risques d'étranglement.

Je déconseille

*« N'utilisez pas de **raphia** synthétique pour ligaturer vos greffes. Je l'ai employé une seule fois, mais j'ai malencontreusement oublié de débrider mes ligatures et j'ai eu la mauvaise surprise de trouver tous mes porte-greffe étranglés. Le développement des jeunes bourgeons s'en est trouvé gravement compromis. »*

mémo

Lorsque l'on a la certitude que le greffon a repris, on **débride la ligature** en incisant au greffoir la bande de raphia à l'opposé de l'écusson.

La greffe en écusson pas à pas

1

❶ Préparez le porte-greffe : à 10 cm du sol environ, effectuez, avec la lame du greffoir bien affûtée, 2 incisions en forme de T. Soulevez l'écorce de chaque côté de l'incision verticale avec la spatule du greffoir.

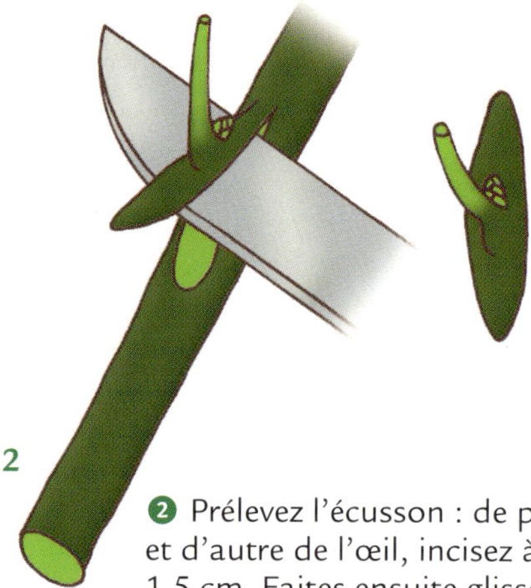

2

❷ Prélevez l'écusson : de part et d'autre de l'œil, incisez à 1,5 cm. Faites ensuite glisser la lame du greffoir entre l'écorce et le bois, puis soulevez et détachez l'écusson.

❸ Procédez à l'assemblage : glissez l'écusson entre les 2 parties d'écorce soulevées. Centrez l'œil au milieu de la barre verticale du T et, si nécessaire, coupez la languette d'écorce qui dépasse de l'incision horizontale.

3

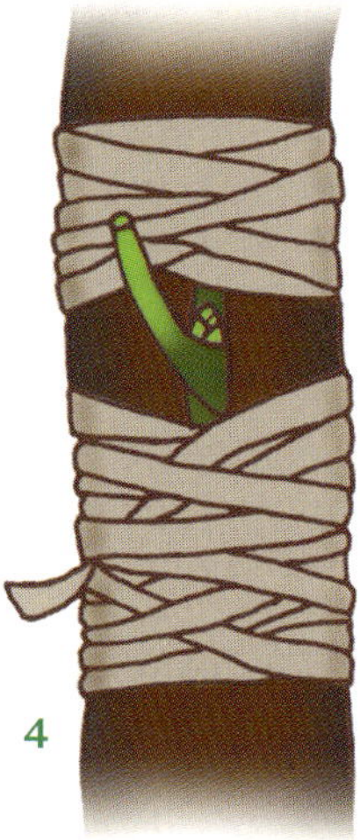

4

❹ Ligaturez votre greffe en commençant par la base de façon à bien appliquer l'écorce sur le greffon.

Après la reprise du greffon

Lorsque la reprise du greffon est effective, il vous reste à élever le futur scion de votre arbuste.

En février, taillez le porte-greffe de façon à ne conserver que 2 **tire-sève**. Au printemps, retaillez à 15 cm environ du point de greffe et palissez le jeune rameau sur le porte-greffe. Puis, en été, fixez un tuteur pour continuer à palisser le rameau bien verticalement. Le scion obtenu pourra être transplanté de novembre à mars.

Tire-sève : branche ou pousse conservée lors de la taille pour préserver un courant de sève permettant de maintenir une certaine vitalité.

Les soins après la reprise du greffon

❶ En février, supprimez une partie de la ramure du porte-greffe en ne conservant que 2 tire-sève.

❷ Fin mars ou début avril, le bourgeon issu de l'œil de l'écusson se développe. Lorsqu'il atteint 20 cm, taillez le porte-greffe à 15 cm du point de greffage.

❸ Palissez le jeune rameau sur la partie du porte-greffe située au-dessus du point de greffage, appelée onglet.

❹ Vers juin-juillet, lorsque le futur scion a pris de la hauteur, supprimez l'onglet au-dessus de la greffe et placez un tuteur pour pouvoir continuer de palisser le rameau.

Greffer en fente

Cette technique est utilisée pour greffer **en tête** des sujets d'un diamètre supérieur à celui du greffon et elle est surtout employée pour la formation des arbres de plein-vent. Elle est notamment utilisée pour greffer des arbres fruitiers.

Quand greffer

On peut opérer en mars-avril ou un peu plus tôt dans les régions plus chaudes ; les greffons sont alors prélevés sur des rameaux conservés en état complet de repos de végétation (voir « Le prélèvement des greffons » et « La conservation des greffons prélevés en hiver » p. 55-56). Si l'on greffe en août-septembre, au déclin de la sève, il faut au contraire utiliser des rameaux greffons bien aoûtés (rameaux de l'année semi-ligneux), récoltés juste avant le greffage.

Le greffage au déclin de la sève, c'est-à-dire effectué en août-septembre, est plus particulièrement réservé aux espèces fruitières à noyau, telles que le cerisier, le pêcher ou l'abricotier, sujettes aux écoulements de gomme, et à quelques espèces de conifères.

Choisir le type de greffe : en demi-fente ou en fente double

On distingue les greffes en **fente simple** ou en **demi-fente**, pour lesquelles un seul greffon est posé, et la greffe en **fente double**, pour laquelle 2 greffons sont posés. Les premières se pratiquent sur des sujets de 2 à 3 cm de diamètre, la seconde sur des sujets de 4 à 6 cm de diamètre.

Il est déconseillé de greffer en fente les fruitiers à noyau comme le pêcher, le prunier, l'abricotier, l'amandier et surtout le cerisier, en fendant diamétralement le sujet. Ces espèces ne supportent pas les plaies trop larges qui cicatriseront difficilement, provoquant des écoulements de gomme importants avec apparition de chancre et fragilisation extrême du point de greffe.

mémo

La greffe **en tête** s'effectue en haut d'un jeune tronc, tandis que la greffe **au ras du sol**, ou en pied, s'effectue à environ 10 cm du sol.

mémo

Une greffe est dite « **en demi-fente** » lorsque le porte-greffe est fendu sur la moitié de son diamètre. Une greffe en demi-fente est toujours une greffe **en fente simple** puisqu'un seul greffon peut être posé. Mais on peut aussi fendre le sujet diamétralement et ne poser qu'un seul greffon, surtout lorsque le sujet est de faible diamètre ; on effectue alors une greffe en fente simple. La greffe est dite « **en fente double** » lorsque sur le sujet, fendu diamétralement, 2 greffons sont posés.

■ Greffez en demi-fente en tête : l'abricotier, l'amandier, le poirier, le pommier, le prunier.

■ Greffez en demi-fente au ras du sol : le céanothe, l'althéa, le mimosa.

■ Greffez en fente simple au ras du sol : la clématite, les conifères, le lierre, le kaki, la vigne vierge.

■ Greffez en fente double en tête : le néflier, le poirier, le pommier.

On enduit la greffe de mastic en veillant à ne pas en déposer sur les yeux.

Comment greffer

Le porte-greffe

Au moment du greffage, il faut d'abord à l'aide d'une scie égoïne rabattre le sujet, ou porte-greffe, à la hauteur de la greffe suivant la forme choisie : soit 1,80 à 2 m pour les hautes-tiges, 1,20 à 1,50 m pour les demi-tiges, 0,40 à 0,70 m pour les basses-tiges, voire 10 à 15 cm pour certaines espèces ornementales comme les plantes grimpantes, certains arbustes et conifères. Tous les rameaux présents le long du tronc doivent être supprimés au sécateur. Il faut ensuite rafraîchir et parer la plaie ou plateau de greffage (coupe horizontale pratiquée sur le sujet à l'emplacement où la greffe est réalisée). On opère à la serpette pour supprimer les aspérités du bois, de façon à obtenir une coupe franche et nette.

Le porte-greffe peut alors être fendu sur 5 à 6 cm de hauteur à l'aide de la serpette et d'un morceau de bois dur servant de maillet. On le fend sur la moitié de son diamètre seulement s'il s'agit d'effectuer une **greffe en demi-fente**, et sur tout le diamètre pour une fente double. L'opération est assez délicate ; il faut procéder par à-coups en faisant basculer la serpette, ou encore en frappant le dos de la lame de la serpette avec un maillet. La fente est

mémo

La **greffe en demi-fente,** est un peu plus délicate à réaliser, mais engendre une plaie moins profonde, plus facile à cicatriser.

maintenue écartée à l'aide de la serpette, que l'on glisse à la base de l'entaille, ou avec un petit coin de bois d'environ 5 cm de longueur pour une épaisseur de 2 cm (la serpette pourra ainsi être dégagée).

Le greffon

On le prélève dans la partie médiane du rameau greffon récolté. On taille le greffon à partir de la base d'un œil et de part et d'autre de celui-ci, en tirant le greffoir vers soi de manière à former 2 biseaux opposés de 3 à 4 cm de longueur ; il faut s'efforcer de donner un profil effilé aux 2 biseaux vers la face opposée à l'œil, comme pour tailler une sorte de « quart de brie ».

Pour finir, le greffon est limité à 3 yeux par une coupe légèrement en biais au-dessus du dernier œil.

Il vaut mieux s'entraîner à la confection des greffons sur plusieurs rameaux jusqu'à obtenir 2 biseaux bien nets en un seul coup de greffoir sur chaque face. S'y reprendre en plusieurs fois aurait pour résultat de hacher les tissus, et de compromettre ainsi la soudure.

L'assemblage

Le greffon est ensuite inséré dans la fente, maintenue ouverte par le petit coin de bois ou, pour la greffe en demi-fente, par la serpette. L'œil au-dessus du biseau doit être tourné vers l'extérieur, sa base se trouvant juste au niveau du plateau de greffage. Les écorces du greffon et du sujet doivent coïncider parfaitement bord à bord, de façon que les zones génératrices greffon-sujet soient en contact étroit.

La greffe est ensuite ligaturée au raphia naturel de manière à refermer la fente sur le greffon. Elle est ensuite enduite de mastic à greffer sur toute la surface du raphia, de la fente à la coupe supérieure du greffon en prenant soin de ne pas en déposer sur les yeux.

Sur un sujet de plus de 5 cm de diamètre, il est possible de poser 2 greffons, et ainsi de multiplier les chances de réussite ; mais après la reprise, on ne conservera que le plus vigoureux des 2 greffons.

Je conseille

*« Méfiez-vous des oiseaux qui, en se perchant sur les greffons, risquent de décoller l'**assemblage**. Pour éviter ce désagrément, je fixe sur le sujet avec de la ficelle un arceau en osier ou un rameau souple au-dessus des greffons. »*

La greffe en fente pas à pas

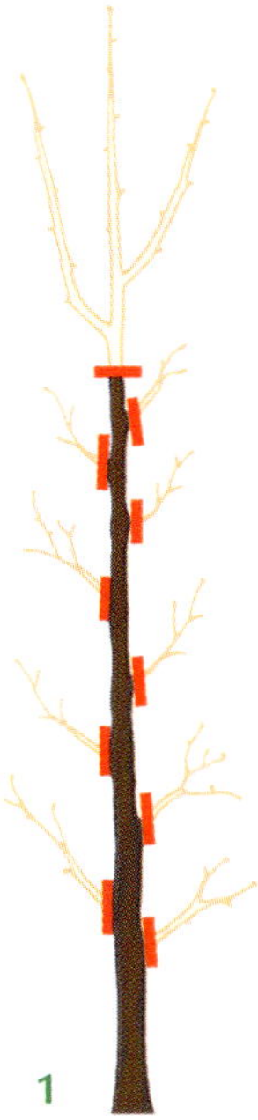
1

❶ Rabattez le porte-greffe à la hauteur du greffage. Supprimez les rameaux le long du tronc.

❷ Pour une greffe en demi-fente, fendez le porte-greffe et sur la moitié de son diamètre.

❸ Pour une greffe en fente double, fendez le porte-greffe diamétralement.

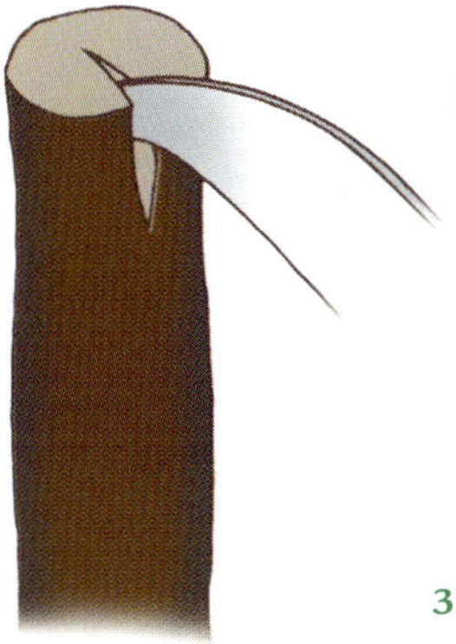
2

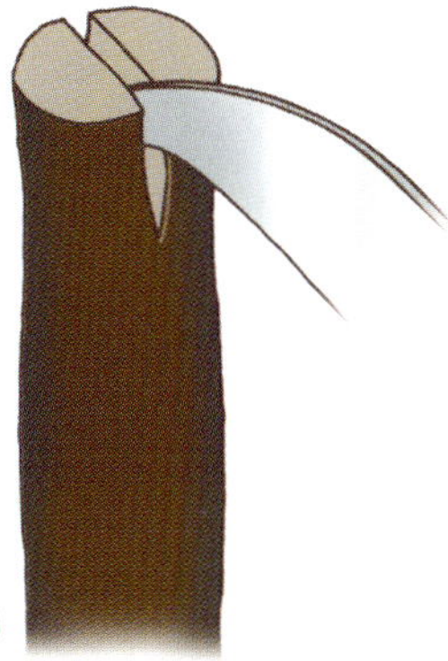
3

❹ Taillez le greffon en 2 biseaux opposés de 3-4 cm de long. Limitez le greffon à 3 yeux.

❺ Insérez le greffon dans la fente.

❻ Ligaturez avec du raphia et enduisez de mastic à greffer. Fixez un arceau protecteur au-dessus du greffon.

4

5

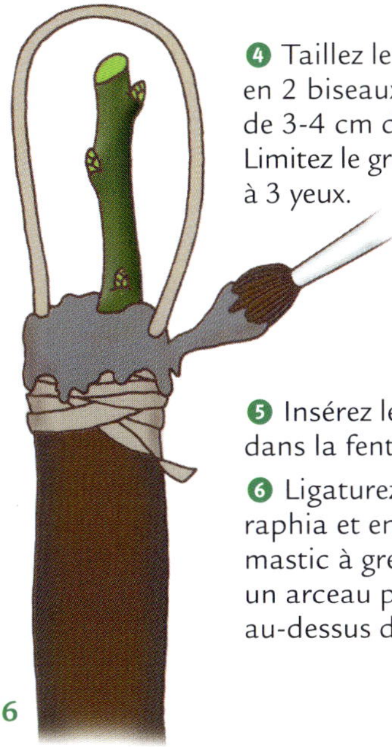
6

Greffer en incrustation

Cette technique, de même emploi que la greffe en fente, est utilisée pour le greffage en tête des arbres fruitiers et pour de nombreux arbres et arbustes d'ornement. Le greffon, taillé en biseau de section triangulaire, vient ici s'imbriquer dans une incrustation de même forme et de même dimension pratiquée sur le sujet.

Dans quels cas choisir cette méthode

Cette méthode doit être privilégiée lorsque le diamètre du sujet est nettement supérieur à celui du greffon. En outre, elle est beaucoup moins mutilante que la greffe en fente, ce qui est appréciable pour le greffage des espèces fruitières à noyau qui ne supportent pas les plaies importantes. Elle permet une meilleure cicatrisation et diminue les risques futurs d'apparition de chancres ou de fragilité au niveau du point de greffe. Cette greffe demande cependant plus d'habileté de la part du greffeur.

- Greffez en incrustation au **ras du sol** : l'actinidia, l'azalée, la bignone, le charme, le chêne, la glycine, le hêtre, le mûrier, la pivoine en arbre, le rhododendron.
- Greffez en incrustation **en tête** : le cerisier, le poirier, le pommier, le prunier.

Quand greffer

On opère en mars-avril ou un peu plus tôt dans les régions plus chaudes, en employant des rameaux greffons conservés en état complet de végétation.

On greffe plus rarement en incrustation en août-septembre, au déclin de la sève, avec des rameaux greffons de l'année bien aoûtés, c'est-à-dire semi-ligneux, et récoltés juste avant le greffage.

mémo

Pour les arbustes à petits fruits, la greffe en incrustation s'exécute juste au-dessus du collet du porte-greffe.

mémo

La greffe au **ras du sol**, ou **en pied**, s'effectue à environ 10 cm du sol, tandis que la greffe **en tête** s'effectue en haut d'un jeune tronc.

Comment greffer

Le porte-greffe

Au moment du greffage, il faut d'abord rabattre le sujet, ou porte-greffe, à la hauteur de la greffe : 1,80 à 2 m pour les hautes-tiges, 1,20 à 1,50 m pour les demi-tiges, 0,40 à 0,70 m pour les basses-tiges, voire 10 à 15 cm et parfois 5 cm pour certaines espèces ornementales comme les plantes grimpantes, certains arbustes et conifères. Les rameaux présents le long du tronc sont supprimés au sécateur. Il faut ensuite rafraîchir la plaie (ou plateau de greffage) à la serpette pour supprimer les aspérités du bois, de façon à obtenir une coupe franche et nette.

Sur ce porte-greffe, on pratiquera, avec la pointe du greffoir, 2 incisions, de façon à extraire un coin de bois de même dimension que la pointe du greffon.

Le greffon

On prélève le greffon dans la partie médiane du rameau récolté. Puis on le taille à partir de la base d'un œil et de part et d'autre de celui-ci, en tirant le greffoir vers soi pour obtenir 2 biseaux aigus d'environ 4 cm de longueur ; les **biseaux** doivent former un triangle du côté opposé à l'œil. Le greffon est ensuite limité à 3 yeux par une coupe légèrement en biais au-dessus du dernier œil.

L'assemblage

Le greffon est inséré dans l'encoche du porte-greffe, où il doit s'incruster parfaitement, pour que les zones génératrices sujet-greffon soient en contact étroit. L'assemblage est réussi si le greffon tient tout seul.

Pour terminer, la greffe est ligaturée avec du raphia naturel pour bien plaquer le greffon sur le sujet. Elle est ensuite enduite de **mastic** à greffer sur toute la surface, du plateau de greffage à la coupe supérieure du greffon. Il faut se méfier des oiseaux qui, en se perchant sur le greffon, risquent de décoller l'assemblage. Pour le protéger, il est conseillé de fixer sur le sujet un arceau en osier ou un rameau souple avec de la ficelle.

Je conseille

« La difficulté est de bien réussir l'entaille sur le sujet, qui doit être de même forme que le coin ***biseauté*** *du greffon. Pour cela, j'applique l'arrière du greffon devant la partie du porte-greffe à entailler, et j'incise l'écorce en suivant le contour du biseau. Je creuse ensuite le bois jusqu'à obtenir une encoche du même volume que la pointe du greffon. »*

mémo

En enduisant la greffe de **mastic**, il faut prendre soin de ne pas en déposer sur les yeux du greffon.

La greffe en incrustation pas à pas

❶ Rabattez le porte-greffe à la scie égoïne à la hauteur de la greffe. Supprimez les rameaux le long du tronc.

❷ Taillez le greffon en biseau à partir de la base d'un œil de façon à former un triangle, puis limitez-le à 3 yeux.

❸ Sur le porte-greffe, pratiquez 2 incisions pour extraire un coin de même dimension que la pointe du greffon.

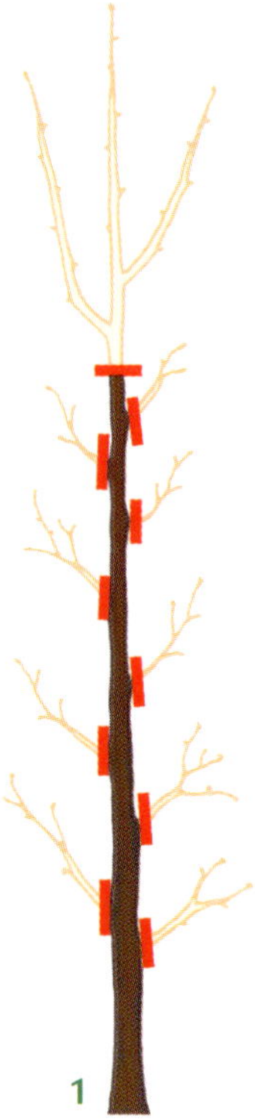
1

2

3

4

❹ Emboîtez le greffon dans l'encoche du porte-greffe.

❺ Ligaturez avec du raphia et enduisez de mastic à greffer. Fixez un arceau protecteur au-dessus du greffon.

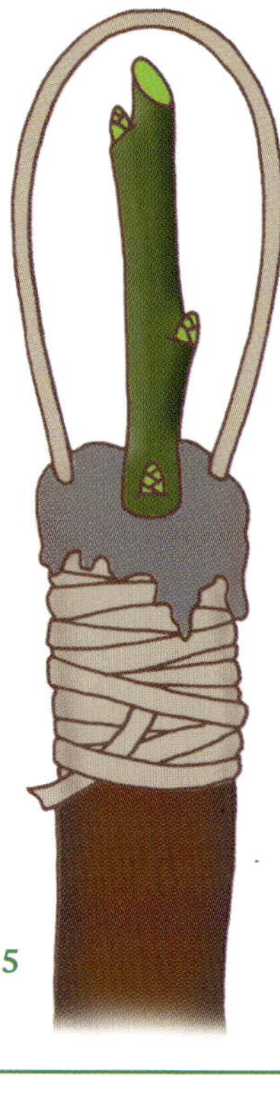
5

Greffer en couronne

Cette technique est employée sur des sujets plus âgés et qui possèdent de grosses branches charpentières ; on parle alors de surgreffage. Elle permet, sur des arbres de plein-vent ou sur des palmettes devenus improductifs ou dont la variété d'origine est médiocre, de reformer une ramure ou de changer la variété.

Dans quels cas choisir cette méthode

Le **greffage en couronne** s'emploie surtout pour les arbres fruitiers et presque exclusivement sur les espèces à pépins. En effet, le surgreffage nécessitant un ravalement complet de l'arbre occasionne des plaies importantes. Les arbres à noyau, sujets à la gommose et au développement rapide de chancres, ne supporteraient que difficilement une telle mutilation, ce qui entraînerait leur dépérissement rapide.

Cette méthode est également utilisée comme moyen de multiplication, au même titre qu'une greffe en fente ou en incrustation, pour quelques espèces comme les agrumes, le figuier, l'olivier (on greffe sur jeune sujet au ras du sol).

On pratique la greffe en couronne d'avril à début mai, quand l'espèce à greffer commence à fleurir, avec des rameaux greffons conservés en état complet de repos de végétation (voir « Le prélèvement des greffons » et « La conservation des greffons prélevés en hiver », p. 55-56).

Comment greffer

Cette technique de greffage consiste à insérer des greffons à la périphérie des branches charpentières préalablement rabattues. Les greffons sont glissés sous l'écorce du porte-greffe, à l'endroit où la sève circule. Deux à quatre greffons peuvent être posés sur chaque branche de manière à augmenter les chances de réussite.

Je conseille

*« **Greffez en couronne** le poirier, le pommier, le prunier (ce dernier supporte mieux les plaies que les autres arbres fruitiers à noyau). »*

Le porte-greffe

En février, les branches charpentières sont rabattues à 50-70 cm de leur point de départ. La méthode est légèrement différente s'il s'agit d'un arbre de plein-vent ou d'une palmette (voir encadré en bas de page).

Il est déconseillé de rabattre la ramure de l'arbre à surgreffer juste au moment du greffage. Le sujet est alors en pleine montée de sève et le flux trop brusque de sève brute au niveau du contact des tissus sujet-greffons aurait pour conséquence l'échec du greffage.

Au moment du greffage, les branches charpentières à greffer sont une nouvelle fois rabattues d'une dizaine

La préparation du porte-greffe

❶ S'il s'agit d'un arbre de plein-vent, rabattez les branches charpentières à 50-70 cm de leur point de départ sur le tronc, sauf 1 ou 2 branches vigoureuses qui serviront de tire-sève.

❷ S'il s'agit d'une palmette, rabattez les branches charpentières à 50-70 cm de leur coude de base.

Le mastic à greffer, dont on enduit la greffe, a des propriétés cicatrisantes.

Je conseille

« Sur les branches âgées de section importante, il est parfois impossible de décoller ***l'écorce*** *avec la spatule du greffoir. Dans ce cas-là, je n'hésite pas à employer les grands moyens en me servant d'un burin plat et d'un marteau. »*

de centimètres à la scie égoïne. On rafraîchit ensuite les plaies à la serpette pour supprimer les aspérités du bois, de façon à obtenir une coupe franche et nette.

Sur les branches devenues porte-greffe, on effectue au greffoir une incision verticale de l'écorce sur 4 à 6 cm de longueur jusqu'au bois ; si plusieurs greffons sont posés, il faut répartir les incisions sur toute la circonférence de la coupe. **L'écorce** est ensuite soulevée d'un seul côté, toujours le même pour les différentes incisions : cela permettra, lorsqu'on ligaturera, de bien appliquer les parties d'écorce soulevée sur les greffons, et d'éviter ainsi le retroussement de l'une d'elles, voire son déchirement.

Le greffon

Le greffon est choisi dans la partie médiane d'un rameau. On le taille en biseau plat derrière un œil en entamant la coupe à la base de celui-ci, puis on le limite à 3 yeux.

On effectue ensuite un épaulement, une encoche, derrière l'œil en réduisant l'épaisseur du biseau jusqu'à mi-diamètre environ afin de permettre une meilleure assise du greffon sur le plateau de greffage. On enlève également un petit filet d'écorce sur le côté du biseau qui viendra s'appliquer contre la partie d'écorce du porte-greffe qui n'a pas été soulevée et de même épaisseur que celle-ci, et un petit lambeau d'écorce au bas de la pointe du greffon côté œil.

L'assemblage

Les greffons sont ensuite glissés sous la partie d'écorce soulevée jusqu'à ce que leur épaulement bute sur le plateau du porte-greffe. Puis on ligature au raphia naturel en appliquant bien l'écorce soulevée sur les greffons, avant d'engluer avec du mastic à greffer toute la surface, du plateau de greffage à la coupe supérieure des greffons. Enfin, un arceau protecteur est fixé au-dessus des greffons.

La bonne ligature

Formez une boucle qui permettra, une fois le lien entouré autour du porte-greffe, de passer son extrémité à l'intérieur. Il ne vous restera plus alors qu'à serrer en tirant sur les deux extrémités du lien. Cette méthode est la même pour toutes les greffes nécessitant une ligature.

La greffe en couronne pas à pas

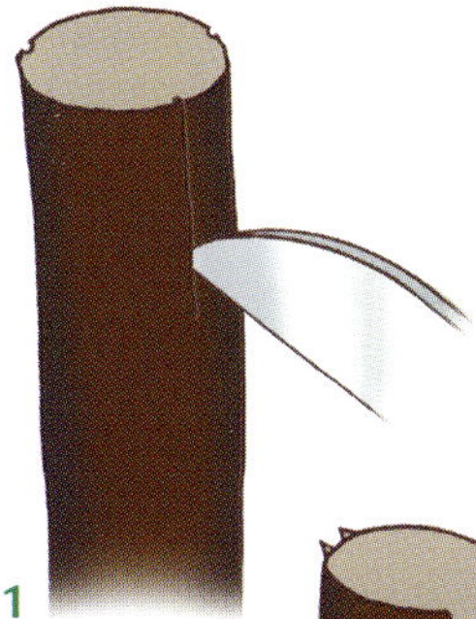
1

2

❶ Incisez verticalement le porte-greffe sur 4-6 cm de haut, si possible à un endroit où l'écorce est lisse.

❷ Soulevez l'écorce d'un seul côté.

❸ Taillez le greffon en biseau simple derrière l'œil de la base. Puis en haut du biseau, formez une petite encoche. Limitez le greffon à 3 yeux. Sur le bord qui s'appuiera contre l'écorce non soulevée du porte-greffe, enlevez une fine lamelle d'écorce. Supprimez aussi un lambeau d'écorce à la base, face avant.

❹ Glissez le greffon sous la partie d'écorce soulevée.

3

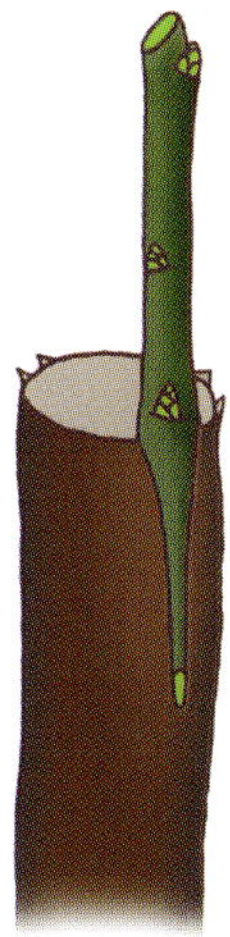
4

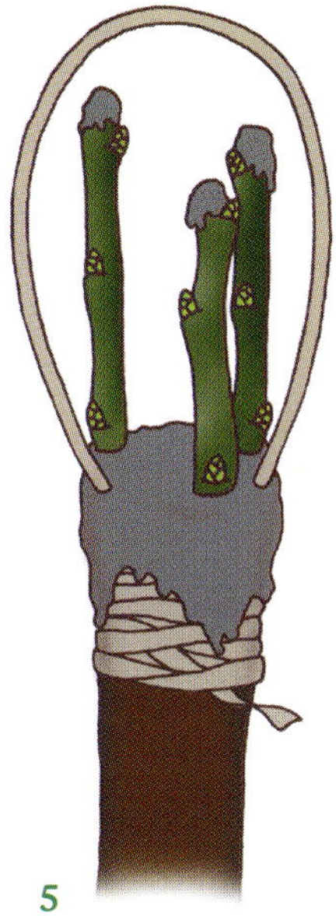
5

❺ Ligaturez au raphia en appliquant bien les parties d'écorce soulevées sur les greffons. Enduisez de mastic à greffer, sans en déposer sur les yeux. Fixez un arceau protecteur au-dessus des greffons.

Après la reprise de la greffe

Après la reprise, palissez les jeunes pousses issues des yeux des greffons sur l'arceau protecteur et supprimez toutes celles qui se développent sur le sujet, sauf les tire-sève conservés pour préserver un courant de sève.

À l'automne suivant, supprimez les tire-sève devenus inutiles et tous les rameaux mal placés pour redonner une belle forme à la nouvelle ramure.

Greffer à l'anglaise

Cette technique est employée lorsque le porte-greffe est à peu près de même diamètre que le greffon. On l'utilise pour greffer des arbustes d'ornement ou fruitiers, pour l'obtention de **scions** d'arbres fruitiers à pépins, mais surtout pour le greffage de la vigne. Les deux méthodes les plus employées sont la greffe à l'anglaise simple et la greffe à l'anglaise compliquée.

Scion : jeune arbre greffé en pied depuis 1 an présentant une seule pousse verticale.

Dans quels cas choisir cette méthode

On pratique cette greffe au printemps, en mars-avril, avec des rameaux greffons conservés en état complet de repos de végétation (voir « Le prélèvement des greffons », p. 55-56). Les porte-greffe employés peuvent être issus de semis, de marcottes en cépée ou de boutures racinées ou non, et greffés en pleine terre ou **sur table** avant d'être plantés.

- On greffe à l'anglaise simple : le bouleau blanc, le chêne, la glycine, le hêtre, l'althéa, le lilas.
- On greffe à l'anglaise compliquée : le houx, le mûrier, le noyer, le poirier, le pommier, la vigne.

mémo
L'expression **greffe sur table** s'applique aux greffes de jeunes sujets – racinés ou non (boutures) – effectuées hors sol, sur table. La plantation a lieu après le greffage.

Comment réaliser une greffe à l'anglaise simple

Le porte-greffe

Il s'agit le plus souvent une bouture ou d'une marcotte enracinée de 1 ou 2 ans au maximum. On effectue sur celui-ci, à 20 cm du collet ou du sol, une coupe effilée en biais juste au-dessus d'un œil. La longueur du biseau doit atteindre au moins le double du diamètre de la tige.

Le greffon

On effectue sur le greffon un biseau identique à celui réalisé sur le sujet, 2 cm sous un œil, et on limite le greffon à 1 ou 2 yeux.

L'assemblage

On applique ensuite les 2 biseaux allongés l'un contre l'autre en faisant coïncider les écorces. L'ensemble est maintenu par une ligature au raphia et englué avec du mastic à greffer ou de la cire.

La greffe à l'anglaise simple pas à pas

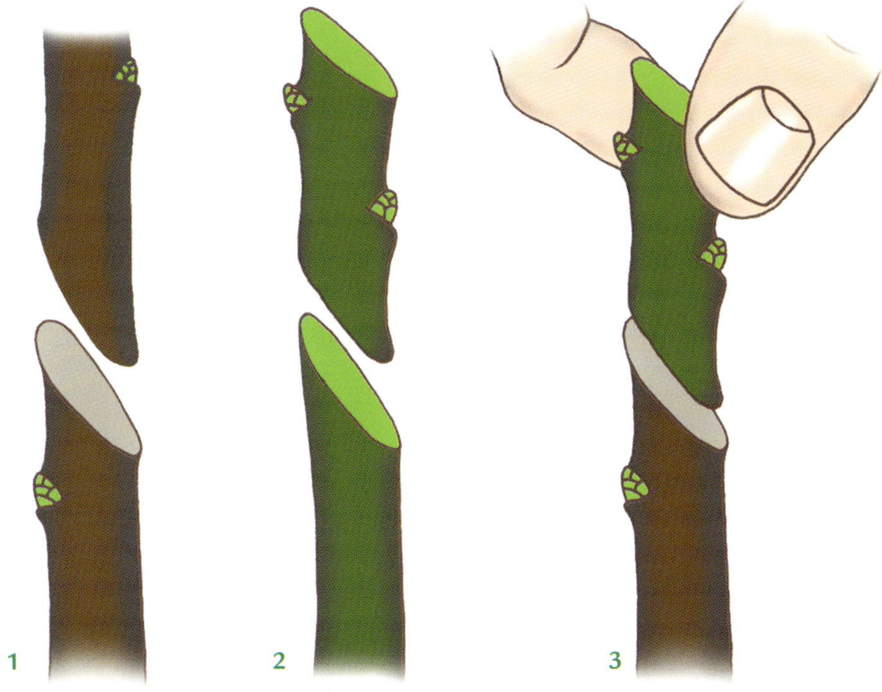

❶ Sur le porte-greffe, faites au-dessus d'un œil une coupe effilée en biais, atteignant au moins le double du diamètre de la tige.

❷ Effectuez la même coupe sur le greffon, avec les mêmes proportions, 2 cm sous un œil. Limitez le greffon à 1 ou 2 yeux.

❸ Appliquez les 2 biseaux l'un contre l'autre en faisant coïncider les écorces. Ligaturez au raphia naturel et engluez.

Comment réaliser une greffe à l'anglaise compliquée

Cette technique est beaucoup plus employée, car elle permet un renforcement de la solidité de l'assemblage, grâce à des encoches pratiquées dans les biseaux du sujet et du greffon.

Le porte-greffe

Sur le porte-greffe, ou sujet, on effectue, à 20 cm du **collet** ou du sol, une coupe effilée en biais juste au-dessus d'un œil. La longueur du biseau doit atteindre au moins le double du diamètre de la tige. À partir du tiers supérieur du biseau, on pratique une fente à l'aide du greffoir, en commençant verticalement et en poursuivant presque parallèlement au biseau, sur une longueur de 1 à 1,5 cm.

Collet : limite entre la tige et les racines, souvent marquée par un renflement.

Le greffon

On réalise sur le greffon un biseau identique à celui du sujet, 2 cm sous un œil. Ce biseau est fendu de la même façon que celui du porte-greffe, puis le greffon est limité à 1 ou 2 yeux.

L'assemblage

On applique ensuite les deux biseaux allongés l'un contre l'autre en incrustant soigneusement les entailles de façon que les deux parties soient en contact étroit. Cette greffe ne nécessite pas de ligature ; on englue simplement au niveau de l'assemblage avec du mastic à greffer ou de la cire.

Après le greffage, on éborgne les yeux de la base du porte-greffe, sauf le supérieur qui servira de tire-sève. On pince ensuite à 2 ou 3 feuilles les bourgeons issus de cet œil. On supprimera ce tire-sève dès que des bourgeons se développeront sur le greffon, signe que la reprise de la greffe est effective. Ensuite, seule la plus belle pousse sera conservée pour obtenir un scion.

La greffe à l'anglaise compliquée pas à pas

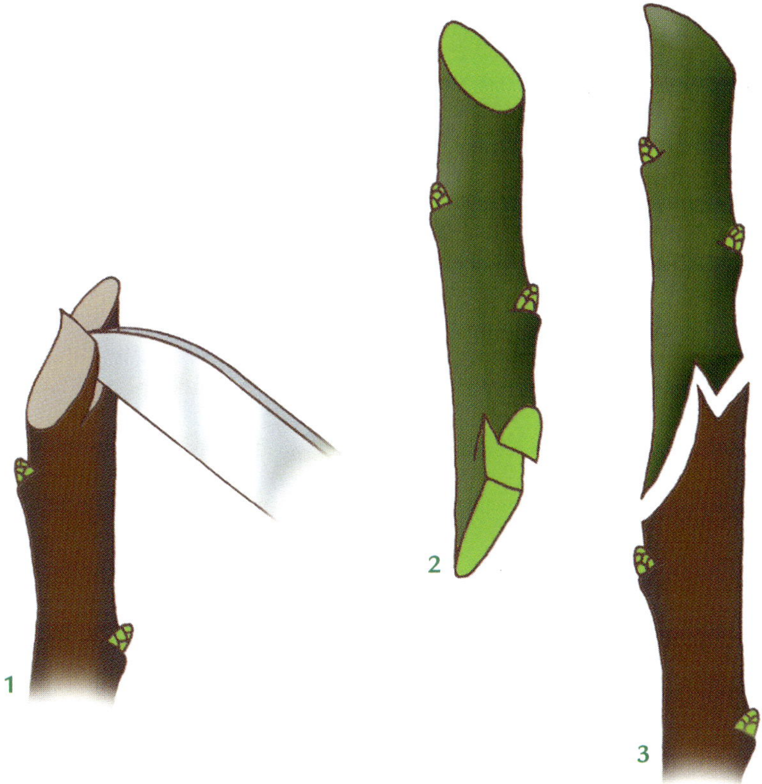

❶ Sur le porte-greffe, faites au-dessus d'un œil une coupe effilée en biais, atteignant au moins le double du diamètre de la tige.
À partir du tiers supérieur du biseau, effectuez une fente d'abord verticale, puis poursuivez presque parallèlement au biseau sur 1 à 1,5 cm.

❷ Effectuez la même coupe en biseau, avec les mêmes proportions, à la base du greffon. Faites de même une deuxième entaille presque parallèle, en partant cette fois du dernier tiers de la coupe. Limitez le greffon à 1 ou 2 yeux.

❸ Appliquez les 2 biseaux l'un contre l'autre en faisant coïncider les écorces et en emboîtant les 2 encoches jusqu'à la jonction parfaite entre les 2 parties.
Engluez ensuite avec du mastic à greffer ou de la cire.

Index

Dans la collection la Vie en vert

1. 12 mois au jardin **2.** Cultiver les petits fruits
3. 30 fleurs pour le balcon **4.** Des roses pour le jardin
5. 30 massifs à créer **6.** Semer, greffer, bouturer...

Nombreux titres à paraître

Crédits photographiques

Ph. Asseray : pp. 8-9 ; A. Petzold/Rustica : p. 13 ;
Ph. Sanchez/Rustica : p. 16 ; F. Marre/Rustica : p. 21 ;
F. Strauss/MAP : p. 25 ; N. et P. Mioulane/MAP : p. 37, 39, 51, 71 ;
F. Boucourt/Rustica : p. 45 ; J.-P. Pradères/Rustica : p. 49 ;
C. Hochet/Rustica : p. 53 ; DR : p. 63.

Dessins

M. Sinier : pp. 11-20, 40-44, 47-50, 56-77 ;
I. Arslanian : pp. 23-36 ;
É. Mouton : p. 54.

En couverture : photo de F. Strauss/MAP.
En rabat : photo de C. Hochet/Rustica

Conception graphique et réalisation : É. Mouton

Photogravure : SNO - Ivry-sur-Seine
Achevé d'imprimer en juin 2003
par IME- Baume-les-Dames